풀꽃단상

Thoughts for Little Flowers

© 2006 Lee Hae-In

Thoughts for Little Flowers

Benedict Press, Waegwan, Korea

🌕 풀꽃 단상

2006년 10월 초판 | 2020년 4월 8쇄
ⓒ 지은이 · 이해인 | 펴낸이 · 박현동
펴낸곳 · 성 베네딕도회 왜관수도원 분도출판사
찍은곳 · 분도인쇄소
등록 · 1962년 5월 7일 라15호
04606 서울시 중구 장충단로 188(분도출판사 편집부)
39889 경북 칠곡군 왜관읍 관문로 61(분도인쇄소)
분도출판사 · 전화 02-2266-3605 · 팩스 02-2271-3605
분도인쇄소 · 전화 054-970-2400 · 팩스 054-971-0179
www.bundobook.co.kr

ISBN 978-89-419-0615-5 03810

신저작권법에 따라 보호를 받는 저작물이므로 무단 전재와 무단 복제를 금합니다.

풀꽃단상

Thoughts for Little Flowers

이해인

분도출판사

책머리에

매일 듣는 수도원의 종소리와 종소리에 따라 움직이는 일상의 삶이 늘 새로운 아름다움으로 살아오는 요즘입니다. 아침에 일터를 향해 언덕길을 내려오는데 푸른 작업복을 입은 예비수녀들이 잔디밭을 손질하는 모습이 한 폭의 살아 있는 그림, 생활 속의 예술로 느껴지며 행복했습니다.

"평범한 것을 매일, 평범한 기분으로 행하는 것이 비범이다"라고 한 앙드레 지드의 말이 떠오르는 오늘, 태풍 뒤의 맑고 투명한 가을 하늘을 바라보며 가을 하늘 같은 감사의 기도를 바칩니다. 수도원의 일상, 자연, 기도 안에서의 명상, 함께 사는 이들과의 만남 … 들이 모두 저에겐 글의 소재가 되어 줍니다.

글로만은 다 표현할 수 없는 깊고 아름다운 이야기들이 더 많이 숨어 있는데 … 혹시라도 내가 섣불리 세상에 표현함으로써 은밀한 기쁨의 향기가 잠시 달아나는 것은 아닐까 생각해 보기도 했습니다.

오랜 세월이 지났어도 새로운 책을 한 권씩 선보일 적마다 마음 안에 스며드는 부끄러움은 여전합니다. 몇 년이 지나 원고들이 책 한 권의 분량으로 쌓인다고 하여 모두 책으로 엮어야 할까? 하는 고민과 망설임도 여전합니다.

"다음 책은 언제 나오지요?"라고 묻는 독자들에게 "아직 잘 모르겠지만 아마 한참 후가 될 것 같아요"라고 대답하곤 했는데 2004년에 나온 산문집 『기쁨이 열리는 창』 이후 2년 반 만에 이렇게 또 한 권의 새 책을 펴내게 되었습니다.

첫 산문집 『두레박』(1986)을 펴냈던 분도출판사에서 20년 만에 신간을 내게 되니 저로선 감회가 깊고 설레는 마음 가득합니다.

시와 산문이 함께 들어간 일종의 시문집인 이 글모음은 짧게 이어지는 단상들이 많아 제목도 『풀꽃 단상』이라 하였습니다. 시들 중에는 목적성이 강한 기념시, 축시들도 있어 싣지 않을까 생각했지만 이런 종류의 시를 일부러 찾아보고 싶어 하는 독자들도 있어 함께 넣었습니다.

여러 권의 책을 냈지만 '작가'라는 수식어가 늘 낯설게 느껴지는 이 작은 수녀의 풀꽃 같은 이야기들이 독자들의 가슴에 안겨 풀물이 들고 은은한 풀향기를 낼 수 있다면 고맙겠습니다. 여러분이 누군가에게 편지를 쓸 때, 사랑을 고백할 때, 문득 기도하고 싶을 때 이 책이 작은 도움이 될 수 있길 바랍니다.

정성스런 손길로 책을 만들어 준 분도출판사에 깊이 감사드립니다. 수도자로 세상에 많이 알려지면서 종종 오해를 받고 가까운 친구들마저 멀어짐을 느낄 땐 슬프더라고 고백하면 "걱정 마세요! 우리가 있잖아요" 하며 변함없는 우정과 사랑과 기도를 아끼지 않는 저의 오래된 '원년元年 독자'들과 미지의 독자들 그리고 늘 곁에서 힘이 되어 주는 수도공동체 가족들에게 이 책을 사랑으로 바치고 싶습니다.

2006년 늦가을
이해인 수녀

차례

책머리에 … 4

1장 풀꽃 단상

가을바람 편지 … 12
가을의 사람이 되게 하소서 … 16
바다 일기 … 18
조가비 단상 … 23
풀꽃 단상 … 27
여름 단상 … 30
비에 젖은 단상 … 36
어머니의 꽃골무 … 40

보물이 되는 어록 … 43
물빛 평화를 새롭게 … 47
동시를 읽는 기쁨 … 50
고양이, 시월이를 위하여 … 54
향기로운 말 … 58
이름을 남기는 뜻은 … 61
뜨개질을 하며 … 65
선물의 행복 … 69
감사의 행복 … 73
이별 연습 … 77

2장 우정의 축복 속에

기쁨! 하고 불러 보세요 … 84
우정의 축복 속에 … 88
부활의 봄에 핀 수선화 … 92
선을 위한 성실함으로 … 96
종소리 … 101
흰구름 이야기 … 105
부탁하고 싶은 것 세 가지 – 청소년들에게 … 110
이제는 좀 쉬세요 – 수능 끝낸 학생들에게 … 113
용서의 계절 … 117
미리 쓰는 유서 … 120
함께 사랑해요, 우리 … 124
자신을 내어 놓은 두려움 없는 사랑의 승리
  – 영화 『아빌라의 데레사』를 보고 … 128
매 순간을 소중히 여기는 기록 – 『아미엘의 일기』를 읽고 … 134
용서를 선택하는 큰 사랑 – 달라이 라마의 『용서』를 읽고 … 136
잘 듣고 잘 말하려면 – 『비폭력 대화』『들기력』을 읽고 … 140

3장 천사놀이

첫눈 엽서 … 148
내 마음의 사계절 … 150
6월의 장미 … 153

여름 일기 1 ··· 156
여름 일기 2 ··· 157
나의 어머니 ··· 159
오늘은 ··· 161
천사놀이 ··· 164
꿈의 연가 ··· 166
뜨개질 일기 ··· 168
강원도와 함께 ··· 170
수도원에서 ··· 173

4장 감사의 기쁨 | 송년 기도시 |

평화로 가는 길은 ··· 180
우리나라를 생각하면 ··· 181
가족을 생각하면 ··· 182
좋은 이웃 되기 ··· 184
용서하기 ··· 185
성탄의 기쁨 ··· 186
친구를 위하여 ··· 187
아픈 이들을 위하여 ··· 188
눈사람 부모님 ··· 189
어린이에게 ··· 190
감사의 기쁨 ··· 191

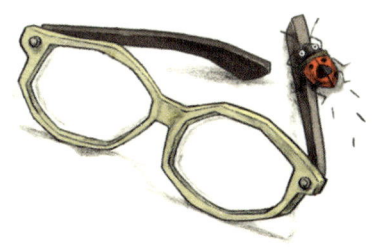

5장 아름다움을 들고 오셔요

마더 데레사께 … 194
사계절의 추기경님께 — 사제 수품 50주년을 축하드리며 … 196
아름다움을 들고 오셔요 … 200
평화를 위한 기도 … 203
성모 성월 성모님께 드리는 기도 … 206
성탄 1 당신만이 빛이시오니 … 209
성탄 2 당신께서 오신 세상 속으로 … 213
신리 성지에서 … 217
석가탄신일 부처님 오신 날 … 220
맑고 향기롭게 … 224

6장 슬픈 편지 | 추모시 |

흐르는 눈물조차 행복한 기도가 되게 — 교황 요한 바오로 2세께 … 230
행복 선언 — 교황 요한 바오로 2세께 … 233
동심의 영원함을 보게 해 주신 님 — 아동문학가 정채봉 님 5주기에 … 235
지혜의 빛이 되어 주십시오 — 영문학자 장왕록 님 10주기에 … 237
우리의 조각난 슬픔 속에 — 김해 중국 민항기 추락 사고로 숨진 이들께 … 240
슬픈 님들 편히 쉬십시오, 님들의 죽음은 우리의 죽음이니
— 대구 지하철 방화 사건으로 숨진 이들께 … 244
슬픈 편지 — 어느 사형수에게 … 247
그리움이 된 푸른 별 — 태풍 매미로 숨진 연인들에게 … 252

1장
풀꽃 단상

"하마터면 내가 널 못 만날 뻔했잖아" 하고 말을 건네면 곱게 웃는 풀꽃

Thoughts for
Little
Flowers

가을바람 편지

지난 여름은 참으로 더웠습니다.

선풍기 바람에라도 의지하지 않으면 안 될 만큼 때로는 숨쉬기조차 어려운 불볕더위를 체험하면서, 어쩌다 창문으로 시원한 바람 한 줄기가 들어오면 '아아!' 하고 눈을 감으며 기계가 아닌 자연 바람의 존재를 새삼 고마워하였습니다. 여름을 잘 견디면 가을을 더 반갑게 맞이할 수 있겠구나, 가을바람은 또 얼마나 나를 설레게 할까 고요히 기대하면서 말입니다.

꽃밭에서 불어 오는 가을바람은 코스모스 빛깔입니다.
코스모스, 코스모스 … 를 노래의 후렴처럼 읊조리며 바람은 내게 와서 말합니다.
'나는 모든 꽃을 흔드는 바람이에요. 당신도 꽃처럼 아름답게 흔들려 보세요. 흔들리는 것을 두려워하지 않아야 더욱 아름다워질 수 있답니다!'

그러고 보니 믿음과 사랑의 길에서 나는 흔들리는 것을 많이 두려워하면서 살아온 것 같네요. 종종 흔들리기는 하되 쉽게 쓰러지지만 않으면 되는데 말이지요.

아름다운 것들에 깊이 감동할 줄 알고, 일상의 작은 것들에도 깊이 감사할 줄 알고, 아픈 사람·슬픈 사람·헤매는 사람들을 위해 많이 울 줄도 알고 … 그렇게 순하게 아름답게 흔들리면서 이 가을을 보내고 싶습니다.

산에서 불어 오는 가을바람은 단풍나무 빛깔입니다. 어떻게 모든 사람을 골고루 다 사랑할 수 있을까 고민에 빠져 있는 나에게, 사랑에 빠진 소녀처럼 붉은 뺨을 지닌 바람이 다가와서 말합니다.

'무어든 너무 잘하겠다고 욕심 부리지 마세요. 사람들의 눈을 잘 들여다보면 그가 원하는 것을 알 수 있고 사랑하는 법을 배울 수 있답니다!'

그래서 이 가을엔 '사랑한다'는 말을 함부로 쓰지 않고 아껴 두기로 합니다. 나를 의심하고 오해하고 힘들게 하는 한 사람에게 성을 내고 변명하기보다 침묵 속에 그를 위해 기도하며 끝까지 우정과 신뢰의 눈길을 보낼 수 있을 때, 진정 용서하기 힘들었던 한 사람을 내가 환히 웃게 해 주고 그에게 화해의 악수를 청할 수 있을 때 나는 비로소 사랑이란 단어를 자신 있게 쓸 수 있지 않을까 싶습니다.

바다에서 불어 오는 가을바람은 수평선과 맞닿은 푸르고 투명한 하늘빛을 닮았습니다.

문득 어머니가 그립고 어릴 적 동무들을 보고 싶어 하는 나에게, 어디선가 들어 본 듯한 다정한 목소리로 바람이 말을 건네 옵니다.

'언제나 그렇게 그리움이 많으시니 이별도 갈수록 힘들겠군요! 그러면 슬픔도 많아질 테니 걱정입니다. 잠시 머물다 지나가는 바람의 존재를 자주 묵상해 보세요.'

충고는 고맙지만 그래도 이 가을엔 내가 슬퍼서 자꾸 울게 되더라도 더 많은 그리움을 키우려고 합니다. 세상에 존재하는 모든 것을 너무 많이 사랑해 언젠가는 마침내 올 지상에서의 이별이 힘들더라도 이 가을엔 사람과 삶에 대한 그리움을 멈추지 않는 용기를 지니려고 합니다.

내 안에서 불어 오는 가을바람은 무어라 이름 지을 수 없는 빛깔입니다. 하얀 나비와 노란 나비의 중간쯤일 것 같은 빛, 어쩌면 슬픔을 닮은 눈부신 빛.

바람은 나에게 자꾸만 속삭이네요.

'이제는 진정 서늘해져야지요. 가벼워져야지요. 다른 존재를 부수어 버리는 죽음의 바람이 아니라 키우고 익히는 생명의 바람이 되어 멀리 떠나야지요.'

'나는 이제 어디로 숨을 수도 없네. 내 마음대로 편하게 도

망칠 수도 없네.'

혼자서 생각하며 내 안에서 불어 오는 바람의 목소리를 듣고 또 듣습니다. 이 가을을 한껏 겸허하고 성실하게 살지 않으면 내 안의 바람이 가만있지 않을 것 같아 조심스럽고 슬그머니 겁이 납니다.

이제 내가 사랑하는 당신에게서 불어 오는 가을바람은 어떤 빛깔일까요? 담백한 물빛? 은은한 달빛? 아니면 향기롭게 익어 가는 탱자빛? 터질 듯한 석류빛?

무슨 빛깔이라도 좋으니 아름답게 가꾸시고 행복하시고 제게도 좀 보내 주실래요?

우리 모두 바람 속에 좀 더 넓어지고 좀 더 깊어져서 이 가을이 끝날 때쯤 다시 만나요.

가을의 사람이 되게 하소서

가을, 가을, 가을 하고 불러 보면 나는 금방 흰구름을 닮은 가을의 시인이 되어 기도의 시를 적어 봅니다.

가을엔 나의 눈길이 저 푸른 하늘을 향해 파랗게 물들어서 더욱 깨어 있길 원합니다. 서늘하게 깨어 있는 눈길로 하루를 시작하고 사람들을 바라보는 가을의 사람이 되게 해 주십시오.

가을엔 나의 마음이 불타는 단풍숲으로 들어가 붉게 물들어서 더욱 사랑할 수 있길 원합니다. 너그럽고 따뜻한 마음으로 하루를 사랑하고 이웃을 사랑하는 가을의 사람이 되게 해 주십시오.

가을엔 나의 손길이 보이지 않는 바람을 잡아 그리움의 기도로 키우며 노래하길 원합니다. 하루하루를 늘 기도로 시작하고 세상 만물을 위해 기도를 멈추지 않는 가을의 사람이 되게 해 주십시오.

가을엔 나의 발길이 산길을 걷는 수행자처럼 좀 더 성실하고 부지런해지길 원합니다. 선과 진리의 길을 찾아 끝까지 인내하며 걸어가는 가을의 사람이 되게 해 주십시오.

가을엔 나의 언어가 깊은 샘에서 길어 올린 물처럼 맑고 담백하고 겸손하길 원합니다. 만나는 모든 이에게 맑고 고운 말씨로 기쁨 전하는 가을의 사람이 되게 해 주십시오.

가을엔 나의 행동 하나하나가 둥근 달빛을 받아 고요하고 은은하길 원합니다. 깊은 생각, 어진 마음 키우며 매사에 사려 깊고 지혜로운 가을의 사람이 되게 해 주십시오.

가을을 사랑하는 가을의 사람이 되어 길을 가는 가을의 기쁨, 감사드립니다. 가을이 주는 서늘한 평화 가슴에 안고 벗들을 불러 보는 가을의 은총, 감사드립니다.

우리 함께 가을의 사람이 되어 가을을 노래하기로 해요.
깊고 맑고 높고 착한 가을을 함께 살기로 해요.
그러면 가을도 우리를 축복해 줄 것입니다.
우리는 가을의 열매처럼 아름다운 사람으로 익어 갈 것입니다.

바다 일기

아이를 달래는 엄마처럼 가슴이 열린 바다
그는 가진 게 많아도 뽐내지 않는다
줄 게 많아도 우쭐대지 않는다
답답한 마음 바다에 내려놓고 시원한 마음 들고 온다
가득한 욕심 벗어 놓고 빈 마음 들고 온다
썰물 때의 바닷가에서 내가 바치는 바닷빛 기도는
혼자서 가만히 당신을 부르는 것
바람 속에 조용히 웃어 보는 것
바다를 떠나서도 바다처럼 살겠다고 약속하는 것

「바다의 노래」라는 제목이 붙은 이 글은, 20여 년 전 사촌 남동생의 친구라고 자신을 소개한 어느 군인(생활성가 가수 김정식)의 글을 받고 내가 바다 풍경의 그림엽서에 적어 보내 준 것이다. 그는 즉시 악상이 떠올라 노래를 만들었다 했고 이 노래는 지금 가톨릭 청소년 성가집에 들어 있다.

요즘 나는 이 곡을 쓴 분과 같이 종종 학교나 교회에서 문화 특강을 할 때가 있는데 그럴 때면 강의 시작 전에 먼저 이 노래를 청해 들으면서 우리 마음 안에 넓고 푸른 바다를 들여놓자고 초대하곤 한다.

벌써 수십 년을 부산 광안리에 살면서 나는 매일 바다를 보는 기쁨과 행복을 새로운 감동으로 받아들인다. 잊을 수 없는 그 바다는 꿈에도 자주 나타난다.
오늘은 바다가 어떤 빛깔, 어떤 표정을 할까? 맑은 날은 맑은 날대로, 비 오는 날은 비 오는 날대로 궁금해하며 바다를 내다보는 설렘의 순간들.

내가 가 본 동해 바다 · 남해 바다도 아름답고 로스앤젤레스와 하와이의 바다도 다 아름다웠지만, 부산 광안리 바다는 언제나 내게 각별한 의미를 지닌다. 예전과 달리 복잡해졌다고 곧잘 불평을 하면서도 어디엘 가면 즉시 그리워지는 광안리 바다. 60년대의 수도생활 초기부터 지금에 이르기까지 늘 곁에서 힘이 되어 주던 정든 바다이기에 더욱 그럴 것이다.
바다는 나에게 늘 변함없이 정겨운 친구이며 출렁이는 연인이며 진지한 선생님이 되어 주었다.

내가 자꾸만 안으로 움츠러들거나 사소한 일로 용서와 화해가 힘들어 고민하고 있을 때 바다는 '넓어져라, 넓어져라.

네 이기심을 아주 조금만 버리면 탁 트일 수 있잖니?' 하며 카랑카랑한 목소리로 나를 흔들었다.

몸과 마음의 불편함, 크고 작은 오해에서 빚어진 갈등, 자신의 못난 점을 한탄하며 우울함에 빠져 있을 적엔 '밝아져라, 밝아져라. 모든 것은 다 지나간다. 웃을 여유를 빨리 찾아라' 하며 갈매기의 날갯짓과 시원한 바람 한 줄기를 나에게 속달로 보내오곤 했다.

어떤 목표를 세워 놓고도 앞으로 나아가질 못하고 망설이며 무기력과 나태에 빠져 있을 때는 '일어서라, 일어서라. 어서 길을 떠나라' 하며 철썩이는 파도로 달려와 나를 재촉하였다.

해마다 여름이면 사람들은 즐겨 바다로 여행을 떠난다. 더위를 식히려는 목적도 있을 테지만 넓고 시원하게 출렁이는 '바다 마음'을 배우고 싶은 바람도 있을 것이다. 여름의 바닷가로 휴가를 떠나는 친지에게 나는 린드버그 여사의 『바다의 선물』을 꼭 챙겨 가라고 권하고 싶다. 몇 개의 조가비들을 깊이 관찰하면서 작가가 이루어 낸 고독론, 인생론, 인간관계론을 바닷가에서 읽으면 더욱 아름답게 여겨지고 일상의 삶에도 도움이 될 것이기에 ….

인간관계를 지켜 나가려면 향수에 젖어 과거를 되돌아보거나 두려워하고 초조해하면서 미래를 내다볼 것이 아니라 현재의 인간관계 가운데서 생활하며 그것을 현재 있는 그대로 받아들여야만 한다. 왜냐하면 인간관계 역시 섬 같아야 하기 때문이다.

우리는 바닷가 생활에서 무엇보다도 먼저 불필요한 것들을 버리는 기술을 배운다. … 바다는 오직 인내만이 가장 중요하다고 가르쳐 준다.

수첩에 좋은 글귀를 적어 두고 되새기는 습관을 키워도 좋으리라.
여름엔 해수욕을 하러 오는 사람들이 하도 많아 직접 바닷가에 나가진 못하지만 그래도 자주자주 바다를 바라보며 바닷빛 기도를 바친다.
내가 오래 전에 만든 단순한 동시 「바다 일기」를 외우면 어느새 바다를 닮은 '바다 시인' '바다 수녀'가 되어 마음은 온통 푸른빛으로 출렁인다.

늘 푸르게 살라 한다

수평선을 바라보며
내 굽은 마음을 곧게

흰 모래를 밟으며

내 굳은 마음을 부드럽게

바위를 바라보며

내 약한 마음을 든든하게

그리고

파도처럼 출렁이는 마음

갈매기처럼 춤추는 마음

늘 기쁘게 살라 한다

- 「바다 일기」

조가비 단상

> 무한한 세계의 바닷가에 어린이들이 모여듭니다
> 어린이들은 모래로 집을 짓고 조개껍질로 놀이를 합니다…
> 바다는 어린이와 함께 놀이를 합니다
> 바닷가의 웃음이 은근히 빛납니다

10년 전 내가 인도에 갔을 때 봄베이의 어느 해변에서 낭송하며 감동했던 타고르의 시 「바닷가에서」는 지금도 그의 「꽃의 학교」 「구름과 물결」과 더불어 자주 애송하는 나의 애송시이다.

내 글방의 책상 위에, 서랍 속에 그리고 조그만 진열장에는 항상 여러 모양의 조가비들이 널려 있다. 가만히 바라보고 있으면 파도 소리가 나는 것 같은 조가비들, 아직도 넓은 바다를 그리워하며 '우리집에 가고 싶어요'라고 말하는 것 같은 크고 작은 조가비들. 조가비들과 함께 나는, 깊이 들어갈수록 신비하고 아름답다는 바다 속에 들어가 보기도 하고 어린 시절 매혹되었던 안데르센의 동화 『인어공주』의 모습을 상상하며 내가 잠시 그 주인공이 되어 보기도 한다.

※

강릉 초당성당에 갔다가 새벽 경포대 바닷가를 거닐며 하얀 조가비들을 주웠다. 함께 간 수녀들에게 내가 이왕이면 구멍 뚫린 조가비를 주워 달라고 하니 왜 그러냐고 묻는다. 선물을 포장할 적에 고운 리본 끝에 하나씩 달아 주어도 좋고, 그림 잘 그리는 수녀에게 부탁하여 핸드폰 줄을 만들어도 좋다고 하니 하하 호호 웃는다. 마침 바닷가 산책을 나온 연인들이 내게 사인을 부탁하기에 앙증스런 조가비에 이름과 날짜를 적어 주니 바닷가에 어울리는 인상적인 선물이라며 조가비만 따로 사진을 찍는다.

※

수년 전, 미국에 사는 막내딸 집에 다녀오시던 어머님이 한 바구니의 조개껍질을 들고 오셨을 때, 독일에서 공부하던 화가 친구가 여러 모양의 조개껍질을 잔뜩 모아 인편으로 보내왔을 때 나는 얼마나 감격했는지! 심지어는 해외여행 중이던 어느 수녀님이 음식점에서 꽃가리비 조개 요리를 먹고 나서 그 빈 껍질을 "수녀님 생각나서 싸 왔다"며 들고 왔을 적엔 웃음도 나고, 너무한다는 생각조차 들었지만 나는 조가비 좋아하고 모으는 취미를 멈출 수가 없을 것 같다.

※

광안리에서 겨울 바닷가 산책을 나갈 적마다 가져온 조가

비들에는 '기쁨' '평화' '기다림' '그리움' 등 의미 있는 단어나 시를 써서 선물하기도 하고 가끔은 그림을 그려 넣은 작품을 만들어 바자회에 출품하기도 한다. 누가 내게 아이처럼 왜 그리 조가비를 좋아하느냐고 물으면 문득 부끄럽기도 하고 할 말이 없었는데, 요즘은 린드버그 여사의 『바다의 선물』이란 책을 펼쳐 보이며 조가비 안에는 삶의 깊은 사색과 철학이 깃들어 있다면서 꼭 읽어 보라고 권유하곤 한다.

> 조가비들은 내 섬의 눈이 되어 줄 것이다. 똑같은 모양의 두 개를 찾아내는 건 불가능하다. 저마다의 조개들이 자신의 삶과 생존경쟁의 조건에 알맞은, 서로 다른 모습을 하고 있기 때문이다 … 조가비들은 단순히 밀물과 썰물이 영원히 반복된다는 사실만 내게 일깨워 준 것이 아니다.

몇 년을 섬에 살면서 소라고둥, 달조개, 해돋이조개, 앵무조개 등 조가비만을 주제로 명상한 내용을 멋진 책으로 엮어 낸 린드버그 여사가 항상 부럽고 나도 언젠가는 그런 글을 쓸 수 있기를 희망해 본다.

풀꽃 단상

　화요일 목요일은 풀밭에 나가 공동 일을 한다. '잡초'라 이름하는 것들을 뽑는 일도 왠지 미안해 내가 하는 일의 속도는 항상 느리다. 아무리 작아도 갖출 것은 다 갖춘 풀꽃을 만날 때의 반가움을 어찌 표현해야 할지! "하마터면 내가 널 못 만날 뻔했잖아" 하고 말을 건네면 곱게 웃는 풀꽃. 초록의 여름 아침 풀꽃들 사이로 하얀 나비가 날아다니고 잔디밭에는 까치 몇 마리가 놀고 있다. 새들과도 말을 했다는 성 프란치스코처럼 나도 말을 건네 볼까 하고 새들 앞에 서서 잠시 명상에 잠긴다. 이유 없이 무겁고 쓸쓸했던 내 마음을 새들이 가볍게 해 주네. '괜찮아, 괜찮아' 작은 위로를 해 주네.

*

　누가 나에게 물었지. 어떤 지향으로 어떤 영성으로 매일을 살고 있느냐고 …. 나는 문득 '판단 보류의 영성'이라고 대답하였다. 대학원에서 종교학을 공부할 때 귀가 따갑도록 듣던 말이 '판단 보류'라는 단어였고 나는 이것을 내 삶에 적용시

키기로 하였다. 마음으로든 말로든 남을 함부로 속단하는 습관에 빠지지 않기를, 잘 알지도 못하는 일을 남에게 단정적으로 전달하는 잘못을 하지 않기를 자주 기도한다.

*

>자세히 보아야 예쁘다
>
>오래 보아야 사랑스럽다
>
>너도 그렇다

 나태주 시인의 「풀꽃」이라는 이 짧은 시를 처음 만난 것은 우리 동네의 어여쁜 시인이 운영하는 '능소화'라는 생활소품점에서였다. 내가 좋다고 하니 이 글이 적힌 흙접시를 대뜸 선물로 주었는데 나의 글방에 온 손님이 실수로 깨뜨린 것을 다시 붙여 책상 위에 두었다. 나를 만나러 오는 사람마다 이 구절이 좋다고 수첩에 적어 가기에 나는 아직 만난 일 없이 종종 글로써만 연락하는 나태주 시인께 친필로 이 시를 적어 주면 좋겠다고 부탁했고 그는 고맙게도 한지에 정성껏 써서 보내 주었다.

 하루에도 몇 번씩 오며 가며 읽어 보는 이 글귀는 하도 친숙하여 마치 내가 쓴 것처럼 사랑스러운 노래가 되고 잊을 수 없는 기도가 되었다.

*

 요즘은 가족들끼리도 각자의 삶이 너무 바쁘다 보니 서로 자세히 들여다볼 틈이 없고 오래 바라볼 여유가 없다. 듣는 일도 보는 일도 아무런 정성 없이 대충대충 지나쳐 버릴 때가 많다. 가장 가까이 있는 사람들의 예쁜 점, 사랑스러운 점을 놓쳐 버리고 사는 것은 아닌지 ….

보석을 가까이 두고도 발견 못하고 무심히 살아가는 것은 슬픈 일이 아닐 수 없다. 피를 나눈 형제는 아니지만 오랜 세월 수도원에서 함께 살아온 동료들의 모습을 나날이 새롭게 사랑하며 「풀꽃」 시를 외우노라면 내 마음에도 연녹색 풀물이 들고 평화가 찾아온다. 언제나 누구에게나 풀꽃을 대하듯이 내 맘속으로 말하리라.

'자세히 보아야 예쁘다. 오래 보아야 사랑스럽다. 너도 그렇다.'

*

풀꽃 반지, 풀꽃 향기, 풀꽃 사랑, 풀꽃 노래, 풀꽃 웃음 … 하고 적어 가다가 문득 '풀꽃 같은 삶'에서 나의 눈길이 멈춘다.

진정 풀꽃 같은 삶이란 어떤 것일까. 그저 순하고 부드럽고 여린 낭만적인 모습의 삶은 아닐 것이다. 때로는 척박한 땅 속으로 깊게 뿌리내릴 수 있는 강인함, 아픔을 견디는 인내, 도전을 두려워 않는 용기를 지녀야만 감히 풀꽃을 닮은 삶이라고 이야기할 수 있겠다.

여름 단상

아무리 더워도
덥다고
불평하지 않기로 했습니다

차라리
땀을 많이 흘리며
내가 여름이 되기로 했습니다

일하고 사랑하고
인내하고 용서하며
해 아래 피어나는
삶의 기쁨 속에

여름을 더욱 사랑하며
내가 여름이 되기로 했습니다

-「여름 일기 1」

이렇게 기도하며 여름을 시작하는 삶의 기쁨!

*

하늘은 흐리고 온통 회색빛인데, 주방에서 설거지하는 동안 수평선 위로 떠오르는 붉디붉은 햇덩이를 보았다. 탄성과 환호 속에 일손을 놓고 황홀해했다.

말로는 다 표현 못할 그 모습. 세상을 끌어안고자 떠오르는 하느님의 얼굴, 사랑의 얼굴, 죽음을 이기러 오는 생명의 얼굴…, 아침마다 태양을 좀 더 눈여겨보아야겠다.

*

아침부터 비가 많이 내리네.

느티나무, 소나무, 무화과나무 그리고 꽃밭에 서 있던 여름꽃들도 오늘은 유난히 더 기분 좋은 얼굴을 하고 있네. 아주 시원해서 좋다고 하네.

우산을 쓰고도 피할 수 없는 비, 오랜만에 흠뻑 비에 젖는 일이 즐거웠다. 오랜만에 나를 만나러 온 상혁이와 살구나무 옆을 지나다가 비에 떨어진 살구 몇 개를 주우며 말했지.

"살구꽃이 피었다고 좋아한 게 엊그제 같은데 벌써 열매가 달려 있는 게 신기하지?"

자신의 가치관과 너무 다른 사람들과 어울려 사는 일이 어렵다며 기도를 부탁하는 아름다운 청년을 위해, 오늘은 특별히 살구씨처럼 단단한 기도를 바쳐야겠다.

*

하늘은 푸르고, 햇볕은 투명하고, 바람은 시원하고, 새들은 재잘대고 …. 그러니 나의 웃음도 당연히 밝고 맑아야지! 산 숲의 뻐꾹새 소리를 들으니 나도 덩달아 뻐꾹 뻐꾹 기쁨의 소리를 내고 싶네.

*

오늘은 우리 수녀님들과 경주를 지나다가 차에서 내려 오래오래 연꽃을 바라보았던 기쁨이 컸다. 오래 전 백두산 천지를 바라보았을 때와 같은 신령한 기운이 감도는 연못 …. 수련과는 또 다른 아름다움의 깊이를 더해 주는 연꽃.

연꽃의 아름다움을 재발견했다고나 할까.

*

휴가철이 되니 광안리 바다에는 또 많은 사람들이 구름처럼 모여들 테지. 바다는 얼마나 고단할까? 그도 이제는 좀 쉬고 싶지 않을까? 다만 일 년이라도 안식년을 주어야 하지 않을까? 이 여름엔 바다가 읽어 주는 시에 귀 기울여 보자.

*

날마다 바라보는 바다인데도 전혀 지루하지 않고 항상 새롭다. 바다가 가까이 있어 나는 행복하다.

오늘 하루도 내 안에 넓은 바다를 들여놓으며 모든 사물을 좀 더 넓게 바라보고 모든 사람을 좀 더 넓게 이해하고 사랑하리라 다짐한다.

*

내가 수십 년을 살아온 수녀원 집!

출장길에서 집으로 돌아오는 발걸음이 가볍고 설레었다. 돌아올 수 있는 집이 있어 행복한 사람.

나의 집은 무척 크고 훌륭하다. 여기서 나는 나날이 행복한 복녀福女가 되어야지. 세 평 반 정도의 내 조그만 침방은 언제 봐도 정겹다. 여기서 나는 더 열심히 '보물찾기'를 잘하는 보물섬의 수녀가 되어야지.

살아 있는 동안은 쉴 수가 없네. 내적 즐거움을 잃지 않는 비결은 계속 배우고 연구해야 할 나의 과제 ….

*

과거는 하느님의 자비에 맡기고 미래는 섭리에 맡기고 현재는 감사하라 …. 오늘 아침 식당 독서에서 들은 말을 몇 번이고 되새기면서 하루를 감사로 시작한다.

*

오늘은 여름 메뉴로 자주 나오는 호박잎에 밥을 싸서 먹으며 늘 여유롭고 넉넉한 모습의 호박꽃과 호박 열매를 더불어 생각했지. 문득 권영상 시인의 「호박밭의 생쥐」라는 동시가 웃음 속에 떠올랐다.

호박밭에
호박이 큰다
자꾸 자꾸 자꾸 …
정말
비좁아 못 살겠네!
생쥐가
이부자릴 싸 들고
또 집을 옮긴다

- 권영상 「호박밭의 생쥐」

나도 이처럼 생생하고 재밌는 동시를 쓰고 싶은 마음도 함께 솟아올랐지.

*

여름엔 우리 수녀원에도 손님이 많이 오신다. 우리집을 다녀가는 손님들을 정성껏 대하고 돌보는 일도 중요한 소임이다. 수도원의 손님들은 많은 말을 하지 않고 그냥 잠시 머물기만 해도 평화를 느낀다고 한다. 기도를 알리는 종소리만 들어도 좋다고 한다. 다양한 빛깔과 목소리를 지닌 손님들은 모두가 살아 있는 시고 소설이고 수필이다. 손님이 귀한 '선물'이 되려면 내가 먼저 그에게 귀한 '선물'로 다가가는 선함과 친절함을 잊지 말아야 한다.

비에 젖은 단상

  요란한 빗소리에 잠이 깼다. 빗소리를 고운 음악으로 듣기보단 원망이 앞선 여름이었지! 가뭄 속에 애타게 기다리다 알맞게 내려 주는 비는 구원이지만 비도 너무 많이 오니 슬픔이 되네.
  "제발 그만!" 외치며 하늘을 보는 마음. 비 피해로 집과 가족을 잃은 이들을 어떻게 위로할 수 있을까. 해외여행을 나갔다가 볼일만 보고 관광 일정을 취소하고 돌아와, 그 비용을 이웃 돕기에 냈다는 어느 친구의 행동이 감동을 준다. 희생당한 이웃의 모습을 신문에서 보는 순간, 사소한 일들로 부모에게 불평하던 마음이 부끄러웠다는 어린 독자의 편지도 아름답고 따뜻하다. 이런 마음들이 더 많이 모여 살기 좋은 우리 마을, 우리나라가 되기를 꿈꾸어 본다.

*

  한여름의 더위도 힘들지만 습기도 견디기가 힘이 드네. 그러나 날씨에 대한 습관적인 불평은 되도록 하지 않는 게 좋다. 외출에서 돌아오니 나의 침대에 새 이불 하나가 얹혀 있다. 물론 개인 것은 아니고 공동용이지만 수녀원 와서 처음으로 분홍꽃무늬 고운 이불을 덮게 생겼네. 뽀송뽀송한 꽃이불 덮고 자며 꽃마음을 키워야지.

*

사랑이 있어야 잘 보이고 사랑이 있어야 잘 들리고 사랑이 있어야 잘 말할 수 있다. 그래서 나는 날마다 새롭게 기도한다.
'오늘 하루도 제가 남을 이해하고 사랑하는 노력이 참기도임을 알게 해 주시어, 정성을 다해 더 잘 보고 더 잘 듣고 더 잘 말할 수 있게 해 주십시오.'

*

오늘 만난 사진작가께서 나에게 인생에 중요한 것이 무어냐고 묻는 말에 나는 서슴없이 "지혜!"라고 대답하였다. 만남에도 사랑에도 일상을 꾸려 가는 일에도, 무분별과는 거리를 둔 진정한 의미의 지혜가 필요함을 절감하곤 한다. 때로 착하다는 것 하나만 내세우며 자신의 잘못조차 합리화시키는 것은 참으로 슬기롭지 못하며 바람직하지 않은 태도라고 본다.
"정녕 지혜는 절제와 예지를, 정의와 용기를 가르쳐 준다. 사람이 사는 데에 지혜보다 유익한 것은 없다"(지혜 8,7).
오늘은 지혜서를 다시 읽으며 지혜를 불러 본다.

*

선에 대한 지나친 집착 … 자기 나름대로 정해 놓은 완벽함과 거룩함도 때로는 남에게 커다란 짐이 되고 부담이 되는 거북함! 그래서 남보다 '훌륭하다'고 평가받는 이들이 오히려 더 다른 사람을 불편하게 하는 경우가 있나 보다. 좀 모자라고 부족한 듯해도 남을 편안하고 자유롭게 해 주는 수수한 덕성이 그리워진다. 수도생활을 오래 할수록 왜 어리석음의 여백이 중요하고 필요한지를 조금은 알 것 같다.

*

언어가 갖는 전염성! 누군가 내게 와서 살기 싫다는 말을 하며 부정적인 푸념을 하면 나도 하루 종일 우울하다. 반대로, 의욕에 넘치는 태도로 희망과 긍정의 말을 하면 나도 하루 종일 밝고 명랑하게 지낼 수 있다. 다른 이의 말들에 영향을 받지 않고 살기가 참 어렵네.

*

아베 하지메라는 작가의 그림동화집 『호두』를 읽고 마음이 따뜻해진다. 할머니와 손자의 사랑이 호두나무를 사이에 두고 아름답게 펼쳐진다. 이 책을 읽고 나니 갑자기 호두가 좋아진다.

*

구순의 어머니를 모시고 오래된 시골마을을 다녀왔다. 모르는 길을 물을 때마다 정성껏 가르쳐 주던 마을 사람들의 순박한 얼굴들이 집에 와서도 자꾸만 생각이 나네. 동행하였던 이들의 웃음소리도 ….

"이 동네는 내가 어디선가 늘 보아 오던 동네 같네! 너무 좋다!"

소녀처럼 감탄하며 즐거워하시는 어머니. 오늘 아침엔 느닷없이 나에게 물으셨다.

"우리가 청파동에 살 적에 뒷집에 살던 유명이란 아이 생각나? 수녀가 대여섯 살 적에 맨날 나와 놀자고 불러내던 그 귀염성 있는 아이 말이야. 우리집엔 꽃이 많아 부자라며 부러워하던 그 아이가 갑자기 보고 싶네! 한번 찾아 보지 그래?"

나는 찾을 방도가 없다고 말씀드리니 실망하시는 표정이 역력하다. 세월이 가면 사람은 아주 오래된 추억부터 더욱 선명하게 살아오나 보다.

*

비오는 날 듣는 새 소리는 왜 이리 애절할까? 젖은 날개를 잘 펴지도 못하고 울고 있는 것 같기도 하고 잠시 쉬어 갈 집을 찾고 있는 것 같기도 하네. "너 지금 어디 있니?" 하고 내가 물으면 "너는 누구니? 너의 집은 어디니?" 나에게 묻는 것 같기도 하다.

예비수녀들이 아침부터 「아베 마리아」 합창을 연습하고 있다. 그들의 청아한 목소리를 들으며 하루를 시작하는 오늘, 나도 삶의 숲에서 열심히 노래하는 작은 새가 되어야겠다.

어머니의 꽃골무

어린 시절 함께 놀던 동무들에게 내가 가장 즐겨 한 선물은, 인형을 만들 수 있는 예쁜 헝겊, 색종이 그리고 어머니가 틈틈이 만들어 주신 꽃골무와 노리개였다. 내가 원하기만 하면 언제나 만들어 주셨기에 나는 귀한 줄도 모르고 앙증스런 꽃골무들을 지인들에게 선물했고 수녀원에 와서도 그랬다.

나에게 어머니의 골무는 주고 나면 또 생기는 요술주머니와 같았다.

두 딸들이 살고 있는 각기 다른 수녀원에 면회를 오실 적마다 어머니는 수십 개의 꽃골무들을 목걸이 형태로 엮어 와 친한 동료들에게도 몇 개씩 선물하라고 하셨다. 그러나 해를 거듭할수록 어머니의 골무는 조금씩 수가 줄었고 내가 너무 막 쓰는 것 같으면 어머니는 "만드는 데 시간이 걸리고 나도 이젠 눈이 침침해 못 만드는 날이 올 것이니 귀하게 여기는 게 좋겠다"고 가만히 당부하기도 하셨다.

"어디엘 가도 수녀님의 어머니가 만드신 골무만큼 정교하고 아름다운 것을 보지 못했답니다." "꽃골무의 주인공이신 그 어머닌 건강하신가요? 아직도 골무를 만드시나요?" 하는 말을 요즘도 종종 친구수녀들에게 듣곤 한다. 누가 "그 골무 하나만 더 얻을 수 있을까요?" 하면 나는 이제 조금 남은 것은 머잖아 귀한 유품이 되겠기에 전처럼 쉽게 내놓을 수가 없음을 양해 바란다고 대답한다.

 팔순까지도 골무를 만드시던 어머니가 이제 구순이 넘으시니 기운이 나면 종종 뜨개질은 하셔도 골무 만드는 것은 엄두가 안 난다고 하신다.

 요전에 서울에 가서 어머니의 방을 정리하다가 꽃골무에 쓰이는 수실과 몇 개의 골무가 있어 얼른 가져왔다. 하도 많이 만들어 본_本 없이도 한 땀 한 땀 골무에 갖가지 모양의 꽃을 수놓으실 적에 어머니는 무슨 생각을 하셨을까. 섬세한 모양의 꽃술까지 수놓는 일이 늘 즐겁고 재미있다 하시던 어머니. 어린 시절부터 혼자 있어도 심심하지 않았고, 생각하는 것을 좋아하셨고, 눈썰미가 있어 고운 것 만드는 것을 잘 하셨다고 한다.

너무 예뻐서 막상 바느질 할 적엔 쓰지 못하고 장식용으로 모셔 두게 되는 어머니의 꽃골무.

골무 안에는 어머니가 살아오신 긴 세월의 희생과 인내, 사랑과 기도가 있고, 자녀들인 우리가 함께했던 어린 시절의 추억이 담겨 있다. 앙증맞은 어머니의 골무에서 나는 사계절의 꽃향기를 맡는다. 고 작은 골무에서 무한으로 이어지는 모성, 우주적인 사랑을 본다.

"요즘은 어디론가 자꾸 떠나는 꿈을 많이 꾸어."

"좋은 모습 못 보이는 나 자신이 싫고 미안할 뿐이지."

"이젠 자꾸자꾸 내 몸이 초라할 만큼 작아지는 게 보이지?"

수차례 입퇴원을 반복하는 어머니는 종종 한숨을 쉬며 말씀하신다.

어느 날 어머니가 이 세상을 떠나시면 꽃골무는 내게 더욱 아름다운 기념품, 간절한 그리움의 상징이 되리라.

참으로 정성껏 빚어낸 내 어머니의 예술품인 꽃골무를 오늘도 가만히 들여다보며 동심으로 돌아가 "엄마아 …" 하고 불러 본다.

나의 남은 날들을 더욱 밝고 맑은 꽃마음으로 살아야겠다고 다짐해 본다.

보물이 되는 어록

진정한 사랑은 막연한 감상이나 맹목적인 열정이 아니라 인간 존재 전부를 포괄하는 내면의 태도다. 사랑은 기뻐하는 사람들과 함께 기뻐하고 고통받는 사람들과 더불어 고통을 받는 능력이다.

휴일이 가진 가치 중 하나는 바로 이기적이지 않은 방법으로 다른 사람들을 만나서 우정의 즐거움을 맛보고 함께 조용한 시간을 보내는 것이다.

지난 4월 전 세계인이 애도하는 가운데 하늘나라로 떠나신 교황 요한 바오로 2세의 어록들을 읽으며 잠시 그리움에 젖는다. 사후에 공개된 그분의 영성록과 어록들은 많은 이에게 깊은 감동을 주었다.

너무 존경만 하면 서로 멀어져. 사랑하고 좋아해야지.

혼자서는 숨쉬기 어려운데 이렇게 같이 숨을 쉬니까 훨씬 좋아.

날더러 커피를 맛있게 탄다는데 … 같은 물건을 가지고도 다르게 만드는 것이 바로 정인가 봐.

지난 2월 우리 수녀원 객실의 미소천사로 불리던 어느 노수녀님이 임종하시기 며칠 전에 남기신 어록들을 읽으니 그분의 밝고 단순한 모습과 정겨운 웃음이 살아오는 듯 마음이 따뜻해진다.

짧지만 긴 여운을 남기는 명언, 격언 등을 즐겨 읽는 나는 특히 누군가 임종 직전에 남긴 말이나 어록이 공개되면 관심 있게 읽고 묵상의 주제로 삼곤 한다.

나도 이젠 차근차근 주변정리를 하고 언제라도 유언(?)이 될지도 모를 단상 노트를 하나 따로 마련해야지 하고 생각할 즈음, 내게 예고 없이 배달된 낡은 옛 노트 한 권이 문득 생각나 다시 펼쳐 보았다. 내게 정신적 영향을 준 어느 언니에게 내가 청원자 시절 편지 형식으로 써 보낸 '구름의 고향'이란 제목의 노트를, 그 언니가 아끼는 후배에게 건네 주며 어느 훗날 내게 돌려주라고 했던지 거의 40년이 다 되어 내 손에 들어왔다.

'누구나 성덕을 닦는 비례대로 타인에게 사도직이 되는 것입니다'라는 어느 사제의 강론을 적어 놓기도 하고 '어머니,

어서 나를 보내 주세요. 동그라미 불꽃 속엔 사랑처럼 종이 우는데, 내가 가는데 …'라고 시가 되려다 만 생각, 독후감, 기도의 지향들을 메모해 두기도 하였다. 지금이야 화려하고 고운 노트들도 많이 있지만 전에는 검박한 것들뿐이어서 흔히 잡지의 사진이나 그림을 오려 편지지나 노트를 장식하곤 하였다. 군데군데 수도자가 되고 싶은 영적 갈망과 순수함이 엿보이는 나의 옛 노트를 읽으면서 나는 다시 초심자의 첫 마음으로 돌아가 행복해졌다.

극히 평범한 일상의 일들이 제게는 늘 많은 얘깃거리를 만들어 줍니다. 매일매일 변화 없고 단조로운 생활의 연속인데도 어쩌면 이렇게 늘 새롭고 즐거울까요. 하늘과 바다와 나무와 벗하여 저는 늘 여왕보다도 더한 한아름의 행복을 안고 이 커다란 사랑의 연못에서 헤엄치겠습니다. 때론 맘이 괴롭고 손이 시려도 웃으며 참을 줄 알아야겠죠?

지금껏 체험해 온 하나는 참으로 사소한 일에 충실하면 할수록 생활이 더욱 분발되더라는 것입니다.

유독 비 내리는 날에 더욱 즐거운 노래를 부른다는 숲속의 그 작은 새를 기억하시나요? … 신앙의 위기를 당할 만큼 괴로울 때는 영혼의 성장을 위한 서곡이라고 생각할 터입니다.

사랑은 동화에 나오는 마술사의 보석처럼 모든 가치없는 것들을 아름답게 변화시키지요? 생각나는 지인들의 이름마다에 짧은 화살기도 하나씩 만들어 올리는 것도 참 재미있고 뜻있는 일이에요.

언젠가는 님께서 친히 방문해 오실 이 넓은 꽃밭에 저는 작지만 없어서는 안 될 꽃입니다. 이 푸른 산기슭의 오케스트라에 저는 빠져서는 아니 될 하나의 작은 악기라는 것을 잊어선 안 되겠습니다.

   비록 내가 쓴 글이지만 갓 스무 살 먹은 앳된 예비수녀의 풋사과 향내 나는 마음들이 지금의 나에게 자극을 준다. 세월과 함께 때가 묻고 무디어진 내게 좀 더 순결하고 아름다워지라고 재촉하는 것만 같다.
   선물이 선물로 돌아와 기쁨이 된 체험! 이 기쁨을 내 기도의 보물상자에 넣어 두고 종종 충전의 자료로 써야겠다.

물빛 평화를 새롭게

 참된 행복이 어디에 있는 것 같냐고 누가 물어보면 나는 항상 "마음의 평화 안에 행복이 있는 것 같은데요!"라고 대답하곤 합니다. 오랜 수도생활이 나에게 준 선물은 그 누구에게도 그 무엇에도 매이지 않고 평상심을 유지할 수 있는 서늘한 평화입니다. 수도생활을 시작하던 초기에는 느끼지 못했던 내 마음의 평화를 내가 '담백한 물빛 평화'라고 이름 지었더니, 이 말을 들은 어떤 독자분이 마음에 드는 표현이라면서 자신의 전자우편 아이디를 당장 '물빛 평화'로 만들었다는 연락이 왔습니다.
 한 번밖엔 오지 않는 순간순간이 요즘은 얼마나 더 소중하게 여겨지는지요. 내 마음이 평화 안에 있을 적엔 사람을 만나 이야기하다가, 책을 읽다가, 글을 쓰다가, 산책을 하다가, 기도를 하다가 문득 눈물이 핑 돌곤 합니다.
 이토록 복잡한 세상에서 마음을 단순하고 평화롭게 지니려면 욕심의 절제가 필요합니다. 맑은 눈빛과 삶에 대한 경탄의 감각을 잃지 않으려면 자신의 내면을 기도로 가꾸어야 합니다.

볼 것도 너무 많고, 들을 것도 너무 많고, 말할 것도 너무 많아 멀미 나는 세상에서 우리는 고요함과 단순함을 그리워하면서도 실제로는 그러한 기회를 못 만들고 내내 미루다가 한 생을 마감하는 경우도 허다합니다. 결국은 다 두고 갈 것들을 위하여 왜 그토록 전전긍긍하며 집착하는지! 이기심의 성에 스스로 갇혀 버리는 인간의 어리석음은 평화로 가는 길을 방해하는 걸림돌입니다.

요즘 나는 사소한 일에서도 이기심을 버리려고 애쓰는 중입니다. 매일 봉헌하는 미사 중에 "평화를 빕니다!"라는 인사도 수없이 하고 세상의 평화를 소망하는 청원기도도 수없이 바치지만 내 안에 평화가 없고 내가 만나는 이들과의 관계 안에서 평화를 이루어 내지 못한다면 무슨 소용이 있을까요.

일상생활에 충실할 때 맛보는 담백한 물빛의 평화, 욕심을 버린 자유가 주는 평화, 조건 없는 용서로 열매 맺는 평화를 그리워하며 내 남은 날들을 진정한 평화의 도구가 되도록 최선을 다할 것입니다.

평화는 우리의 가장 강한 욕구지만 그것을 바란다고 해서 평화로워지는 것은 아니다. 평화는 수동적으로 찾아오지 않는다. 비현실적인 조건을 요구하는 평화는 가짜 평화이다. 어떠한 상황에서도 선하려고 애쓰면 평화가 찾아온다. 평화의 본

질을 이상적인 세계 혹은 침묵이나 고독에 기댄 것이라고 생각한다면 착각이다. 고뇌가 뿌리 깊이 박힌 현실을 받아들여야 한다. 평화는 그러한 시련의 가치와 자극의 중요성을 간파할 때 찾아온다 ….

그림 설명가로 유명한 웬디 수녀의 명상록을 읽으며 고개를 끄덕이는 이 시간, 수도원의 평화로운 종소리가 나를 다시 평화의 길로 재촉합니다.

동시를 읽는 기쁨

"마음이 슬프거나 우울할 때는 어떻게 하세요?" 종종 이런 질문을 받을 때가 있습니다. 언제든지 기도가 우선이긴 하지만 수도자의 신분이라는 것 때문에 그냥 "기도로 해결하죠" 하는 것은 너무도 뻔한 대답인 듯하여, '산책을 한다' '음악을 듣는다' '일기를 쓴다'는 말로 적당히 대답하곤 했습니다. 그런데 곰곰이 생각해 보니 내가 이유 없이 울적하고 시무룩하거나 글도 쓰기 싫고 삶에 대해 어떤 열정과 의욕이 느껴지질 않아 근심스러울 땐, 무엇보다 먼저 동시를 즐겨 읽는 나 자신을 새롭게 발견했습니다. 그래서 "힘들거나 우울할 땐 동시를 읽으면서 밝은 마음을 찾아요!" 하고 대답하려고 합니다.

아주 오래 전에 펴낸 산문집에 내가 소개했던 동시의 어떤 구절들이 좋아 기억했다가 깜빡 잊었으니 불러 달라며 종종 전화를 걸어오는 독자들을 대하면, 시의 '나눔효과'에 매우 즐거운 마음이 되곤 합니다. 오늘도 저학년이 읽으면 좋은 동시들을 소개해 달라는 어느 초등학교 여교사의 메일을 받고 아는 대로 답해 주었답니다.

가장 최근에 내가 친지들에게 자주 적어 주는 동시는 「꽃을 보려면」인데, 이 시를 읽으면 나날의 삶을 더 겸허하게 살고 싶은 '작은 꽃'의 마음이 됩니다.

> 채송화 그 낮은 꽃을 보려면
> 그 앞에서
> 고개 숙여야 한다
> 그 앞에서
> 무릎도 꿇어야 한다
> 삶의 꽃도
> 무릎을 꿇어야 보인다
>
> - 박두순 「꽃을 보려면」

아기를 낳고 기뻐하는 부모들에게는 김광섭 님의 「새 얼굴」을 자주 적어 주곤 합니다. 이 동시를 읽으면 '아기들은 정말 그렇지! 나도 새 마음 새 얼굴로 살아가야지' 하는 생각을 하게 됩니다.

가족과 친지의 아기 백일이나 돌을 축하할 적에 여러분도 고운 꽃다발이나 선물 속에 이 시를 살짝 곁들여 축하해 보세요.

아기가 들어와
아침 하늘을 얼굴로 연다
아기는
울고 나도 새 얼굴
먹고 나도 새 얼굴
자고 나도 새 얼굴
하늘에서
금방 내려온 새 얼굴

- 김광섭 「새 얼굴」

요즘은 「부산일보」에 공재동 시인이 몇 줄의 소감과 더불어 소개하는 짧은 동시들을 읽는 기쁨이 큽니다.
「공식」이란 동시는 어린 시절부터 친해 온 친구에게 우정의 다짐으로 적어 보내도 좋고, 「대숲 바람」은 산이나 숲을 산책할 때 혼자 또는 여럿이 함께 읽어도 좋을 것 같습니다.

짝꿍의 슬픔은
나눠 갖기로
웃음은 더해 주기로
고민은 빼 주기로
아무튼 짝꿍을
곱셈처럼 좋아하기로

- 박일 「공식」

대숲 바람은
언제 들어도
'쉬이' '쉬이' 한다
아기 죽순
쑤욱쑤욱
곱게
곧게 자라게
조용조용하란다

- 박지현 「대숲 바람」

    이 아름다운 초록빛 계절에 동시를 읽다 보면, 마음도 한결 밝고 맑고 따스해지며 모국어에 대한 사랑도 조금씩 깊어질 것입니다. 여러 시인들이 노래한 동시들을 더 많이 찾아 읽고 나누는 우리가 되길 바라는 마음으로 몇 편의 동시들을 소개하였으니 고운 마음으로 읽어 주시면 고맙겠어요!

고양이, 시월이를 위하여

내가 며칠 출장을 다녀와서 메일함을 여니, 자료실 소임을 하는 아우수녀들이 보낸 여러 글들 중에 아래의 내용이 있었습니다.

수녀님, 얼마 전에 그러니까 골롬바 수녀님 돌아가시고 며칠 후, 시월이라는 고양이가 죽었습니다. 그동안 암브로시아 수녀님께서 키우시던 시월이를 자료실에서 밥 주며 키우고 있었거든요. 골롬바 수녀님 돌아가시던 즈음부터 안 보이기 시작하더니 며칠 후, 묘지 올라가는 다리 아래서 빗물이 빠진 후, 어딘가에서 떠내려 왔는지 옆으로 누운 채로 죽어 있는 것이 발견되었습니다. 13일 주일이었나 봐요. 아저씨들께서 묻어 주었구요. 본원에서 다른 임지로 옮겨 간 우리 암브로시아 수녀님께서 시월이를 보살피는 데 필요한 여러 가지 사항들을 인계노트에 너무나 정성껏 쓰고 가셨는데 재미에 감동을 더해 주어 꼭 수녀님께 보여 드리고 싶었답니다. 시월이 인계노트에 써 있는 내용 조금 써서 보내 드릴게요 … 수녀님께도 막간의 기쁨 시간 되길 바랍니다.

나는 평소에 동물을 그리 좋아하는 편은 아니지만 자기가 죽을 때를 알고 어딘가에서 아무도 모르게 홀로 죽어 간(예기치 않게!) 시월이를 생각하며 참 많이 울었습니다.

오며 가며 이름만 한 번씩 부르면서 늘 멀찍이서 바라보기만 하던 고양이였지만 드는 정은 몰라도 나는 정은 안다고 나도 모르게 정이 많이 들었나 봅니다.

항상 여유롭고 가벼운 시월이의 걸음걸이, 야옹야옹하던 그 울음소리를 새삼 그리워하며 아래의 인계노트를 보니 다시 눈물이 납니다.

우리가 돌보아야 할 생명체를 향한 애틋하고 각별한 한 수녀의 그 사랑의 마음이 어찌나 절절한지 혼자 읽기 아까워 나누고 싶습니다.

시월이를 위한 인계노트:

우리의 시월이를 돌보아 주심! 감사드립니다. 우리 수녀원에 가축으로는 마지막 남은 생명입니다(키우던 여러 마리의 개들도 다 전염병으로 희생되었기에 말입니다).

집고양이의 시작은 '오월이'이고(알마 수녀님이 키웠지요) 시월이는 2000년 10월에 태어났으며 6대째입니다. 한 달 만에 어미가 죽었고 죽은 어미품에 있는 것을, 그것도 못 먹어서 영양실조 상태로 비실비실한 것을 수사원에서 겨우 발견한 후 우린 강아지처럼 키웠지요. 그래서 밥도 야금야금이 아니라 팍! 팍! 먹지요.

시월이는 증·증조할머니인 오월이를 얼굴과 성격까지 빼다 박았죠. 밥은 주로 다시물을 낸 멸치나 생선 찌꺼기가 있으면 조금씩 섞어서 먹였습니다. 그동안은 유치원에서 나오는 멸치를 버리기 아까워서 야고보 수녀님께 말씀드리고 얻어다 먹였습니다.

새 소임 받고 계속 먹이를 먹여 온 생명이라 어쩔 수 없이 돌보아 주실 분들이 처음일 것을 감안해서 좀 준비했습니다. 하루에 두 번 먹이는데, 일단은 한 봉지를 두 번으로 나누든가 한 번으로는 좀 많을지는 모르지만 몇 시간 후면 배고프다고 앙앙거릴 것 같으니 … 주시는 분이 알아서 주세요!

사람 얼굴을 익히고 말귀를 알아듣는 영물이라 밥 주는 시간이 일정하면 반드시 집이나 근방에서 기다리고 있지요. 하지 마라는 일은 즉시 멈추고 그 눈 안에 '미안합니다'를 나타냅니다. 밥을 줄 때는 "시월아!" 하고 불러 놓고 나타나면 주어야 하지요. 안 그러면 산고양이들이 모여들어 빼앗아 가니까요 …. 계속해서 밥을 먹으러 오지 않으면 죽었다고 보면 됩니다. 고양이는 대체로 자기의 죽음을 보이지 않게 합니다.

이 밖에도 고양이 집을 관리하는 방법, 고양이가 아플 때의 증세, 친하게 되면 보이는 행동유형, 자기 소임을 어떤 식으로 하여 주인을 기쁘게 하는지에 대하여 소상히 적고 있습니다. 인계노트에는 이런 글귀도 적혀 있습니다.

> … 하느님께서는 저에게 자연에 대한 연민을 주셔서, 말 못하는 동물·곤충·식물들이 굶거나 병들었거나 상처 입거나 시들면 이들과의 언어 소통도 쉽게 할 수 있게 해 주셨지요. … 그래서 종종 성 프란치스코를 닮았다는 과분한 별칭도 얻게 되었지요. … 참으로 그들에 대한 불쌍함을 저는 감출 수가 없습니다. …

얼마 전 누군가 수녀원 뒷산에 버린 강아지를 우리가 정성껏 보살피며 거두어 다른 곳에 입양시켜 보낼 적에도 우리는 이 수녀님 생각을 했습니다. 다들 징그럽다고 하는 지렁이나 지네를 발견해도 놀라기는커녕 지성으로 보살펴 주는 수녀님을 보며 성한 동물조차 함부로 대하는 우리의 무심하고 무자비한 태도를 반성하곤 하였지요.
 오늘은 시월이를 알뜰히 돌보며 사랑했던 우리 수녀님에게 전화라도 한 통 걸어야겠습니다.

향기로운 말

웰빙 옷, 웰빙 가구, 웰빙 음식, 웰빙 음악, 웰빙 운동 등등 요즘은 여기저기서 웰빙well-being이란 단어를 퍽도 많이 사용합니다. 여러 가지로 해석할 수 있겠지만 웰빙을 '참살이'라고 뜻풀이한 것도 마음에 듭니다. 진정 참되고 아름다운 것에 대한 인간의 욕구는 끝이 없는 것 같습니다. 아름다운 외모에 대한 사람들의 관심도 요즘은 그 도가 지나쳐서 맘에 안 드는 자신의 이목구비를 고치는 일조차 망설임 없이 쉽게 하는 세상입니다.

거리에 나가면 사람들이 다 말끔하고 세련되어 보이는데 그 입에서 나오는 말들은 듣기 거북할 정도로 밉고 험해서 실망스럽고 슬플 때가 한두 번이 아닙니다.

우리 사회에 선과 아름다움과 평화를 가져올 가장 시급한 실천 덕목은 자신도 살고 남도 살리는 '사랑의 언어'이고 이것이야말로 진정한 웰빙이 아닐까 싶습니다. 말을 하고 나면 악취가 아닌 향기로 여운을 남기는 말, 상처가 아닌 치유의 역할을 하는 말, 미움이 사라지고 화해와 용서의 길로 나아가게 하는 사랑의 말을 하는 우리가 되도록 새롭게 노력하는 매일이 되면 좋겠습니다.

"아, 우리나라 가을 하늘은 정말 곱지 않아요? 내가 한국에 태어나길 잘한 것 같아요!"

문득 하늘을 보며 이렇게 외칠 때 "저도 그렇게 생각하는데요! 한국의 가을은 항상 눈물이 날 만큼 아름답다니까요" 하고 곁에서 누군가 거듭니다. 하늘, 바람, 구름, 햇살, 바다… 모든 자연에 대해 고운 말을 하면 고운 말로 메아리가 돌아오는 이 기쁨!

요즘 나는 식탁에서도 자주 자연에 대한 이야길 먼저 꺼내곤 합니다. 여러분도 날마다 한두 번씩 자연에 대해 감탄하는 표현을 해 보세요.

본원에 살다가 새 소임지로 떠나는 후배 수녀에게 몹시 서운한 심정을 비쳤더니 "수녀님과 여기서 함께 사는 것이 자랑이고 기쁨이었는데 이렇게 떠나게 되어 저도 서운해요. 그동안 참 고마웠어요" 하는 답이 돌아옵니다. 나도 누군가에게 그렇게 어여쁜 말을 한번 해 봐야지, 감탄하며 마주 보며 웃습니다.

여러분도 날마다 누군가에게, 특히 가까운 사람들에게 구체적인 덕담을 한 가지씩 건네 보도록 하세요.

영화나 드라마를 통해 요즘 한창 인기를 누리고 있는 미녀 영화배우가 그 모습만큼이나 고운 언어로 내게 말을 건네 옵니다. 그의 문자 메시지는 늘 '부족한 제가…' '게으른 제가…'로 시작하여 상대에 대한 격려와 감사로 끝을 맺습니다. 사석에서도 그는 비록 농담일지언정 푸념, 한탄, 불평, 원망, 자기 도취적인 단어를 입에 올리지 않고 밝고 공손한 말만 골라 하여 듣는 이를 놀라게 하곤 합니다. 가장 최근에 들은 그녀의 말은 "주변에서 저를 자꾸 띄워 줄수록 오히려 들뜨지 않으려고 노력하고 있어요" 하는 것입니다.

여러분도 칭찬을 들을수록 '부족한 저입니다' '덕분입니다' 하며 살짝 자신을 낮추어 말할 수 있는 여유를 지녀 보세요. 그 겸허함의 향기는 사람과 사람 사이의 우정을 더욱 돈독하게 이어 줄 것입니다.

날마다 눈을 뜨는 순간부터 말을 하고 사는 우리입니다. 만나는 사람들에게 늘 좋은 말을 해야지 하면서도 결심과는 달리 무례하고 사랑 없는 말을 더 많이 내뱉고 후회하곤 하는 나약한 우리입니다.

그러나 아주 조금만 노력하면 무미건조함에서 감탄으로, 부정에서 긍정으로, 교만에서 겸손으로 건너가는 표현을 찾아 성숙하는 '웰빙 언어'의 멋진 수련생들이 될 수 있을 것입니다.

이름을 남기는 뜻은

얼마 전 성 김대건 사제의 생가터가 있는 솔뫼 성지에 갔다가 방명록에 이름을 적고 왔더니 며칠 후 그곳을 방문한 지인이 내 이름을 보고 직접 만난 듯 반가웠다며 글을 보내왔다. 누가 적으라고 강요하는 것은 아니지만 어떤 성지나 기념관을 방문해 방명록이 있으면 나는 비교적 충실하게 간단한 소감과 이름을 남기고 오는 편이다.

1997년 여름에 문을 연 나의 글방엔 수시로 손님들이 오기에 나는 방명록을 준비해 두었는데, 어느새 11권의 노트가 쌓여 있다. 몇 마디 남기고 가라면 사람들은 무슨 말을 쓸지 부담스럽다고 툴툴대면서도 각자 의미 있고 재밌는 말을 적어 놓곤 한다. 종종 시간이 날 때 들여다보면 어린이, 학생, 교수, 군인, 성직자, 수도자, 작가, 배우, 음악인, 사진작가, 미용사, 꽃 연구가 등등 직업도 다양한 이들이 남기고 간 마음의 향기를 읽을 수가 있는데 그중엔 이미 저세상 사람이 된 이름들도 있어 눈시울을 적신다.

내가 대형서점에서 공식적으로 첫 사인회를 할 적엔 어찌
나 쑥스럽던지! 내내 얼굴이 화끈거리고 내 자리가 아닌 곳
에 앉아 있는 것 같아 힘이 들었다. 독자들이 서명해 달라고
책을 사서 부산까지 부치는 수고를 서슴지 않는 걸 보고 나는
송구한 마음에 더욱 정성스럽게 이름을 써 보내곤 하였다.
 몇 년이 지난 지금 나는 누가 사인을 해 달라고 하면 언제
든지 꺼내서 할 수 있도록 고운 메모지, 색연필, 앙증스런 스
티커들을 지니고 다닌다. 책이나 메모지에 내 이름을 적는
동안은 비록 긴 시간이 아니라도 사인을 부탁한 사람과 나
사이에 영혼의 교감이 이루어짐을 느낀다. 잠시 그를 위해
기도하며 복을 빌어 주는 시간임을 …. 그래서 나는 그림을
잘 못 그리지만 네 개의 꽃잎을 그리며 믿음, 소망, 사랑, 행
복을 의미하는 꽃이라고 말한다. 또는 사랑, 기쁨, 평화라는
단어를 따로 적어 주며 '서명하는 일에도 기도의 지향과 영
성이 있답니다'라고 덧붙이기도 한다.
 헌책방에 책을 사러 갔던 조카애가 『시간의 얼굴』이란 나
의 시집을 사 왔는데, 이 책은 공교롭게도 나의 글을 좋아하
던 어느 대학교수에게 내가 89년에 서명해서 보낸 것이었다.
책 주인은 수년 전 암으로 세상을 떠났으니 아마도 유족들이
정리하면서 헌책방으로 넘긴 것인지 그 상황은 알 수 없지
만, 어쨌든 16년 만에 다시 돌아온 책 속의 내 글씨가 낯설고
도 반가웠다.
 비단 이름난 사람들만 사인을 주고받는 것은 아니리라. 보

통 사람들의 일상의 삶 속에서도 방명록을 잘 활용하면 한 가정, 한 공동체 단위로 역사에 남는 기록의 문화를 이어 가는 일이 될 수 있을 것이다.

요즘 나는 여행할 적에도 '만남의 기쁨'이라고 적힌 자그만 이동 방명록을 가방 안에 넣고 다니다가, 어느 작은 모임에서나 특별한 순간에 꺼내 "무어라도 좋으니 한마디 적어 주세요" 하며 지인들에게 불쑥 내밀곤 한다. 여럿이 모여 누구를 기다리는 동안의 어중간한 자투리 시간, 슬슬 남의 흉을 보는 대화가 시작될 무렵 노트를 꺼내 '오늘의 느낌'을 적는 숙제를 주면, 화가는 그림을 그리고 시인은 시를 쓰고 할 말이 없는 사람들은 자신의 명함이라도 붙이려 한다. 모두들 동심으로 돌아가 내가 준비한 색연필과 스티커로 바쁘게 장식을 하면서 웃음을 터뜨린다.

방명록에 자신의 느낌과 이름을 남기는 것이 허영심의 산물이 아니고, 자신의 존재를 기쁨으로 받아들이고 이웃에게 감사를 전하는 따뜻한 기록이 될 수 있길 기원하는 마음으로, 나는 오늘도 시간의 향기가 배어 있는 내 방의 방명록들을 들춰 본다.

뜨개질을 하며

뜨개질이라곤 단순한 모양의 목도리 하나 짤 수 있는 솜씨 밖엔 안 되지만 요즘은 아크릴 털실로 일명 '친환경 행주'를 날마다 여러 개씩 짜면서 새삼 뜨개질이 주는 기쁨 속에 빠져 지냅니다.

단순한 모양을 짜는 데도 나름대로의 법칙이 있어 그대로 안 하면 제대로 된 모양이 나오질 않아 속상하고 가르쳐 준 동료들에게 부끄럽기도 하였지요. 어느 날은 혼자서 하도 애를 쓰다 보니 엄지손가락이 발갛게 부어 있었습니다.

"시간도 없는데 시나 열심히 쓰시지요. 뜨개질은 우리가 할 테니 …" 하고 옆의 수녀님들이 말리지만, 색색의 털실을 감고 풀고 뜨고 하는 동안 마음이 고요하고 평화로워져서 이 일을 손에서 놓을 수가 없습니다. 자투리 시간을 이용하기도 좋아 가방 속에 넣고 다니며 언제라도 뜨개질을 하고 때로는 기차 안에서 하기도 합니다.

아직은 멋진 기술자가 못 되니 사각형과 원형으로 세 가지 정도의 모양밖엔 뜨질 못하지만 차츰 응용도 해 볼 생각입니다. 다른 수녀님들의 것은 자신 있게 바자회 상품으로도 내놓지만 나의 작품은 당분간 팔지 않고 개인선물용으로만 만든다 여기니 부담이 적어 좋습니다.

자연스럽게 즐기면서 더 잘할 때까진 아직 시간이 좀 걸릴 테지만 그래도 내가 쓰는 뜨개바늘이 어느새 길이 들어 익숙하고 정겨운 것을 느낌으로 알게 됩니다.

어쩌다 한 코를 빠뜨리거나 엉뚱한 곳에 넣으면 처음부터 풀어서 다시 짜는 게 좋지 그냥 적당히 넘어가면 반드시 실패작이 되곤 합니다. 어쩌면 우리네 하루하루의 삶도 이와 같지 않을까 생각합니다.

아무리 사소한 것일지라도 '뭐, 이 정도쯤이야 괜찮겠지' 하고 그냥 지나가면 안 될 것입니다. 뜨개질을 할 때 무심코 빠뜨린 한 코로 전체의 균형이 망가지듯이 우리의 불성실한 행동 하나, 함부로 내뱉는 말 한마디가 삶의 질서와 아름다움을 망가뜨리기 때문이지요.

뜨개질을 하는 동안 '깨어 사는 삶'의 중요성을 다시 배운 기쁨을 나는 이렇게 노래해 보았습니다.

> 처음 배운 솜씨로
> 손이 부르트도록
> 열심히 아주 열심히
> 뜨개질을 하네

정해진 법칙 따라
깨어서 움직이면
원하는 모양 나오는 게
재미있고 신기해라

털실을 감는 손에
함께 감기는 기쁨으로
웃고 또 웃으면
실들도 나를 따라 웃네

잠시 딴생각하다
어긋나면
풀어야만 해결됐지
아까워도 처음부터
다시 시작해야 했지

나는 이제
오늘이란 실을 감아
행복을 짜네

빠진 코 찾아
다시 시작하듯
잘못한 말 한마디

잘못 쓴 시간 한 점

고쳐 짜는 지혜도 배우면서

열심히 기도를 짜네

행복한 무늬 가득한

시를 짜네

- 「뜨개질 일기」

선물의 행복

"수녀님은 그야말로 움직이는 선물의 집이네요."
"누굴 만나면 선물 줄 궁리부터 하나 보지요?"
"그 허름한 헝겊가방에서 끝없이 오밀조밀한 것들이 나오니 요술가방이 따로 없네!"

함께 사는 이들로부터 늘상 이런 말을 듣고 사는 나는 "글쎄… 주는 선물이라도 너무 집착하면 곤란할 텐데… 절제하려고 결심하지만 잘 안 되네요" 하고 변명 아닌 변명을 해도 행복하다.

오늘도 나는 글방 안에 마련해 둔 초록색 선물바구니를 흐뭇한 마음으로 들여다본다.

빨간 리본이 달려 있는 네모난 바구니 안에는 색연필, 크레용, 꽃카드, 꽃접시, 꽃차, 향기초, 카드, 메모지, 손수건, 책갈피, 스티커, 책, 묵주 등이 언젠가 선택될 시간을 기다리며 가만히 웃고 있다.

이미 내게 있는 책이 다시 생겼거나 특별한 날 내가 선물

받은 것들 중 나보다 다른 사람에게 가서 더 빛이 나고 도움이 될 것들을 바구니에 모았다가 나누는 것은 아주 오래 익힌 습관이다.

이웃에게 줄 선물이 필요할 때 나는 일단 이 예비선물 바구니에서 적합한 것을 골라 선물받을 이에게 어울리는 글을 적고, 바닷가에서 내가 주워 온 구멍난 조가비에 리본을 끼워 예쁘게 포장을 한다. 어떤 이에게 꼭 어울리는 선물을 발견했을 적엔 얼마나 반가운지 혼자서 흥분하며 어쩔 줄을 모른다. 선물받는 이의 밝은 표정과 정겨운 웃음을 미리 상상하며 즐거워하는 내 모습이 다른 사람에게 살짝 들키기를 바라기도 한다.

'사람들이 수도자에게는 그리 큰 선물을 바라진 않을 거야' 하는 믿음이 있기에 선물을 맘에 안 들어 하면 어쩌나 하는 근심은 거의 하지 않는다. 이렇게 저렇게 선물을 준비하는 그 과정이 나에겐 하나의 기도이며 사랑의 작은 예식이라는 생각이 든다. 때로는 부담이 된다 하더라도 선물은 사람을 행복하게 한다. 서로 마음만 통하면 되지 꼭 드러나는 선물을 해야 하는 거냐고 누가 볼멘소리를 하면 "사랑은 표현을 원하니까요"라고 대답하면서 선물에 너무 인색하게 구는 것보다는 차라리 헤픈 게 나은 것 같다는 내 나름의 생각도 길게 펼쳐 이야기하곤 한다.

"저 드릴 선물이 하나 있는데요." 하고 누군가 말하면 이내 궁금해지고, 선물 포장을 뜯는 순간 문득 기대와 설렘으로 가득한 마음이 되지 않는가? 내가 보낸 선물을 받고 뛸 듯이 기뻐하고 고마워하는 이들의 목소리를 듣거나 글을 받으면 마음이 환해진다. '세상에 사는 동안 더 열심히 작은 선물을 나누어야지' 하는 아름다운 다짐도 새롭게 하게 된다.

선물이 보물이 되려면 더 많은 시간과 정성을 들여야 하리라. 아주 오래 전 내가 어느 성당에서 강의를 끝냈을 때 신자 한 분이 와서 "수녀님은 헝겊가방을 좋아하신다기에 제가 밤새 만든 것인데 맘에 드실지요?" 하며 건네 준 조그만 갈색 퀼트 가방을 나는 아직 소중히 간직하고 있다.

얼마 전엔 제주도의 독자가 직접 키운 것이라며 수선화 다발을 택배로 보내 주어 그 특이한 향기를 시들 때까지 맡았다. 어떤 대가도 바라지 않고 내가 선물하고 싶은 사람에게 시간과 정성을 들여 사랑과 감사를 표현하는 기쁨, 상대를 먼저 배려하는 겸손한 기쁨, '선물을 위한 선물'을 할 줄 아는 기쁨 … 이러한 기쁨들이 더 많이 넘쳐나는 세상이면 좋겠다.

나의 10대엔 어머니가 만들어 준 꽃골무와 노리개를, 20대엔 내가 즐겨 외우던 애송시들을, 30대엔 내가 쓴 자작시들을, 40대엔 좋은 책들을, 50대엔 뜻 깊은 기도문들을 벗과 친지들에게 많이 나누어 준 것 같다. 이제 60대에 접어들면서 나는 더욱 마음을 고요히 하고 물빛 담백한 사랑의 편지를 쓰기로 한다. 앞으로 책상 위의 선물바구니에 들어갈 물건들은 줄더라도 마음의 바구니는 비지 않도록 나는 알록달록한 무지갯빛 사랑을 가꾸고 키우고 나눌 준비를 새롭게 하리라.
　선물받는 것보다 선물하는 것이 더 기쁘다고 말하기보다는, 선물을 주는 것도 기쁘고 받는 것도 기쁘다고 고백하면서 날마다 새롭게 선물을 준비하는 '선물의 집'이 되고 싶다.

감사의 행복

　내 하루의 처음과 마지막 기도, 한 해의 처음과 마지막 기도 그리고 내 한 생애의 처음과 마지막 기도는 '감사합니다!' 라는 말이 되도록 감사를 하나의 숨결 같은 노래로 부르고 싶습니다.
　감사하면 아름다우리라.
　감사하면 행복하리라.
　감사하면 따뜻하리라.
　감사하면 웃게 되리라.
　감사가 힘들 적에도 주문을 외우듯이 시를 읊듯이 항상 이렇게 노래해 봅니다.

　오늘 하루도 이렇게 살아서 하늘과 바다와 산을 바라볼 수 있음을 감사합니다.
　하늘의 높음과 바다의 넓음과 산의 깊음을 통해 오래오래 사랑하는 마음을 배울 수 있어 행복합니다.

마음만 먹으면 언제나 사계절이 아름다운 정원으로 산책을 나갈 수 있고 새들이 지저귀는 숲길에서 고요히 기도할 수 있어 행복합니다.

마음만 먹으면 언제나 좋은 책을 골라 읽을 수 있고 벗들에게 편지를 쓸 수 있는 조그만 사색의 공간이 있는 것도 행복합니다.

모든 것을 은총의 선물로 받아 안을 수 있는 신앙 안에서 절망보다는 희망과 용기를 더 자주 선택할 수 있음을 감사합니다.

열심히 가꾸지 않으면 신앙의 나무도 이내 시들어 버리기에 조금은 긴장하며 살고 있고, 이 긴장이 나의 삶을 더욱 탄력 있게 만들어 줌을 믿기에 행복합니다.

나와 특별한 인연을 맺은 가족, 친지, 이웃, 얼굴과 목소리와 성격이 다른 많은 사람들을 통해 삶의 다양성을 배우고 나 자신을 다시 볼 수 있게 해 주어 감사합니다.

그들이 나에게 준 웃음, 칭찬, 격려 그리고 눈물, 비난, 충고가 모두 삶의 양식이 되고 나의 성숙에 보탬이 되었음을 새롭게 깨달아 행복합니다.

지구촌에서 일어나는 아프고 슬픈 일들에 눈물 흘릴 줄 알고 멀리 있는 이웃의 고통과 불행에 함께 괴로워할 수 있는 따뜻한 연민의 마음과 구체적으로 도우려는 의지와 열정이 있음을 감사합니다.

선과 악을 분별하는 차가운 지혜, 자신을 객관화할 수 있는 서늘한 지성을 필요할 때마다 적절하게 활용할 수 있어 행복합니다.

인간의 삶은 유한하다는 것, 만남의 끝에는 이별이 있다는 것을 좀 더 예민하게 알아듣고 주어진 순간순간을 보물처럼 소중히 여길 수 있어 감사합니다.

사랑하는 이들과의 사별에서 오는 깊은 슬픔을 통해 삶의 태도가 조금은 변화되었음을 감사합니다.

세속적인 욕심을 줄이고 영적인 갈망을 늘여 가는 기쁨을 새롭게 발견하여 행복합니다.

좀 더 겸손한 눈길로 사람들을 바라보고 삶을 이해하는 법을 배울 수 있게 한 크고 작은 사건들과 이름 모를 비애에게도 감사합니다.

때로 나를 외롭게 하는 하느님과 말이 필요할 때 오히려 침묵하는 나의 벗들에게도 감사합니다.

사랑의 또 다른 모습은 참회와 용서임을 날마다 새롭게 배울 수 있어 감사합니다.

지난 한 해를 마무리하며 돌아보는 나의 게으름과 불충실함을 참회하고 나름대로 선하고 진실하게 살려고 노력했던 부분들에 대하여 감사합니다.

때로는 부끄러워 얼굴을 못 드는 자신의 모습을 겸허히 받아들이고 다시 시작할 수 있는 힘과 용기를 지닐 수 있기에 행복합니다.

감사하기 힘든 때일수록 더 자주 감사함으로써 감사가 기도의 시작임을 새롭게 배우고 확신할 수 있기에 행복합니다.

오직 감사 안에서 새날 새 삶으로 이어지는 순결한 기쁨이여, 빛나는 행복이여, 이제 다시 향기로운 꽃으로 피어나려는 나의 다른 이름이 바로 '감사'이게 하소서!

이별 연습

　새 소임을 받고 다른 일터로 파견되어 가는 친구수녀가 자기 대신 가꾸어 달라며 두고 간 화분을 만지거나 그가 돌보던 꽃밭을 서성이노라면 내 마음엔 쓸쓸한 바람이 분다.

　수녀님, 그동안 여러 가지로 감사했습니다. 수녀님과의 특별한 우정으로 많은 날 함께할 수 있었음은 특별한 은총이었습니다. 지금까지 그랬듯이 이제 또다시 좋은 인연들을 맺을 기회가 되겠지요. 나의 넘치는 부분은 다른 이들의 부족함을 채우고 나의 부족함은 다른 이들의 넘침을 받아서 좋은 삶의 마무리를 할 수 있길 바랍니다. 사랑의 길 말고는 다른 길이 없고, 믿음과 희망 안에서 사는 은총의 나날에 감사드릴 일 말고는 다른 일이 없을 것 같네요. 인생의 황혼이 아름다우리라 생각하니 무지개를 볼 때처럼 설레네요. 자, 희망의 돛을 올리고 안녕!

출장을 다녀와 발견한 친구수녀의 메모를 읽으니 나도 모르게 눈물이 난다.

가을은 이별의 쓸쓸함에서 삶의 지혜를 배우는 계절이다.

가을은 기도가 무엇인지 모르는 사람들도 단풍 든 산을 보며 기도하고 싶게 만드는 아름다운 계절, 가을은 떠난 사람을 더욱 못 잊게 만드는 그리움의 계절이다.

그 정겨운 표정, 부담 없는 대화, 밝은 웃음이 아직도 눈에 선한 어떤 사람을 이 세상에서 다시 볼 수 없다는 사실이 못 견디게 서러워 울게 만드는 슬픔의 계절이다.

오늘은 젊은 나이에 돌아가신 한 사제의 묵주를 인편으로 전해 받았다. 인품이 매우 훌륭하며 촉망받는 성서학자이던 그가 세상을 떠났다는 비보를 접하고도 장례식에 갈 수 없던 나는 그의 유품 하나를 갖고 싶다고 그분을 모신 비서에게 말한 적이 있는데 이제야 나에게 전해진 것이다.

하도 오래 사용해 반들반들해진 향나무 묵주알과 십자가를 매만지며 나는 살아 있는 사람들이 쓰는 물건과는 다른 빛깔과 분위기를 지닌 유품에서 눈을 떼지 못한다.

내가 모아 두었던 사진이나 편지를 읽다가 '이 사람이 이젠 더 이상 이 세상 사람이 아니군' 하며 슬며시 제자리에 놓을 때, 어떤 물건을 만지다가 '이것을 선물한 주인도 이젠 세상에 없네' 하고 느낄 때의 그 비애를 어떻게 설명할까.

남편이 세상을 떠난 지 3년이 지났어도 그리움은 더해 간다는 친지의 글을 받을 적에도, 입원과 퇴원을 반복하는 내 어머니의 초췌하기 그지없는 모습을 대할 적에도 쓸쓸함은 깊어 간다. 지난봄 내가 제주도에 모시고 갈 만큼 건강하셨던 나의 어머니는 이어서 노인정에서 주최한 강화도 나들이를 다녀오신 후 급속히 건강이 악화되셨다. 해마다 한두 번 기차를 타고 부산에 사는 두 수녀 딸들을 만나러 오곤 하시던 어머니가 병상에서 산소호흡기를 꽂고 힘없이 누워 계신 모습을 보고 수녀원으로 내려오는 길엔 눈물이 앞을 가려 아무것도 할 수 없었다.

연세가 많으시니 당연히 노환이 오고 언젠가는 이 세상을 떠나실 거라는 사실을 잘 알면서도 받아들이기가 왜 그리 힘들던지! 그래서 이별에도 날마다 새롭게 연습이 필요한가 보다.

평소엔 이별에 대해 낭만적이고 아름답게 표현을 하다가도 자기와 가까운 누군가가 몹시 아파 곧 세상을 떠날지도 모르는 상황이 되면 어쩔 줄 몰라 하며 당황하게 마련이다.

이별에 대해 이론적으로 말하는 것과 실제로 이별할 때의 느낌은 사뭇 다른 것임을 나도 요즘은 자주 경험한다. 더구나 그 이별이 갑작스레 닥친 사별일 때는 아무리 신앙인이고 수도자라 하더라도 우선은 갈피를 잡지 못하는 듯하다. 얼마 전에 세상을 뜨신 나의 큰고모님은 시신을 기증하셨는데 나의 어머니는 이 소식을 들으시고, "어쩌면 좋아? 시신까지 기증을? 나는 화장도 싫고 그냥 땅에 묻히고 싶거든.
이렇게 차례차례 가는 거구나. 나도 죽음이 두렵진 않은데
그래도 사랑하는 가족들과 헤어지는 것은 서운한 게 사실이
지" 하셨다.

　나는 요즘 어머니를 만날 적마다 그분의 음성을 녹음해 두
고, 어머니의 방을 정리하다 발견한 기도서 안의 쪽지도 소
중히 간직하고, 바느질이 미완성인 채 있는 꽃골무도 살짝
들고 오곤 한다.
　지상에서의 삶이 얼마 남지 않았음을 예고하는 이들과의
만남은 얼마나 간절하고 애틋한지! 특히 가족에겐 평소에 더
잘하지 못한 부분들이 얼마나 큰 회한으로 마음을 저리게 하
는지!
　할 수만 있다면 시간을 멈추게 하고 싶지만 밤낮으로 어김
없이 흐르는 시간이 때론 야속하게 여겨진다. 냉정하게 제
갈 길을 가는 시간과 누구에게나 예외 없이 다가오는 죽음
앞에서 인간은 자신의 유한성과 무력함을 깨닫고 좀 더 겸손
해져야 하리라.
　우리 모두 삶에 지치고 사람들 때문에 괴로울 때도, 당장
우리를 힘들게 하는 가족, 친지, 이웃들과 언젠가는 헤어진
다는 사실을 의식적으로 앞질러 생각하며 '이별연습'을 할
수 있다면, 맘에 안 드는 이들조차 좀 더 너그럽게 대하고 이
해할 수 있지 않을까, 미루기만 하던 용서를 좀 더 앞당길 수

있지 않을까 생각하며 11월의 창가에서 나는 나 자신과 이웃
을 향해 이렇게 읊조려 본다.
 아직 살아 있는 동안 더 많이 사랑하십시오.
 아직 살아 있는 동안 더 밝게 웃으십시오.
 아직 살아 있는 동안 더 넓게 용서하십시오.
 아직 살아 있는 동안 더 깊이 기도하십시오.
 더 중요한 일을 위해 덜 중요한 일을 포기할 줄 아는 지혜
를 지니십시오.

2장
우정의 축복 속에

하늘과 구름과 바다와 새
눈부신 햇빛이 조금은 그리울 것 같군요
그동안 받은 사랑 진정 고마웠습니다 …

Thoughts for
Little
Flowers

기쁨! 하고 불러 보세요

"수녀님, 언제나 기쁘게 사세요" 하고 늘상 나에게 당부하다 이제는 세상을 떠난 고운 벗의 유언을 생각합니다. 타고난 쾌활함에 수행의 덕목까지 곁들여 늘 주위를 밝게 만들던 기쁨 수녀님이 나는 참 부러웠답니다. 이제 자상하게 나를 챙겨 주던 그는 곁에 없지만 내가 기쁘게 살면 마음으로나마 좋은 벗을 가까이 만날 수 있을 것이라 믿으며 위로를 삼는 오늘입니다.

*

기쁨이란 밖에서 누가 가져다주는 것이 아니라 스스로가 만들어 가야 하는 선물임을 자주 절감하는 요즘입니다. 아주 사소한 것에서도 기쁨을 발견하는 노력으로 나의 나날은 행복합니다. 찬물로 세수하는 맑은 마음, 촛불을 켜는 고요한 마음으로 "기쁨!" 하고 부르면 금방 기쁨이 옆에 와 있는 듯 느껴집니다. 새해에는 더욱 기쁨과 친해지고 싶어요. 새해를 맞아 새 마음으로 '기쁨수첩'을 준비하려고 합니다.

어느 출판사에서 만들어 준 조그만 '기쁨수첩'을 친지들에게 선물할 적에 나는 종종 '근래에 가장 기뻤던 일' '다른 사람을 기쁘게 할 일'을 적어 보라며 숙제를 내기도 합니다. 그러면 어떤 사람은 근래에 기뻤던 일로 '친구와 화해한 일' '아름다운 자연 속에 머물렀던 일' '오랜만에 교회에 간 일' 등을 적으며 기쁨 목록을 만들곤 합니다. 다른 이를 기쁘게 할 계획에 대하여는 '고운 말 쓰기' '편지 쓰기' '용돈 아껴 이웃 돕기' 등을 적기도 하지요. 나는 교과서에 실린 나의 동시로 초등학생들과 수업을 한 일, 옛 친구의 편지를 받은 일을 기쁜 일로 적고, 밀린 회신 쓰는 것을 남을 기쁘게 할 일로 적어 보았답니다.

*

어떤 사람에게는 모든 게 다 놀라움이며 기쁨으로 다가오지만 어떤 사람에게는 모든 게 다 시들하고 우울함로 다가와 "아무리 둘러보아도 별로 기쁜 일이 없다"고 말하고 싶을지도 모릅니다. 하지만 마음의 방향과 눈길을 아주 조금만 긍정적으로 돌리면 기뻐할 일은 얼마든지 있을 것입니다.

오늘 하루도 숨을 쉬며 이 땅에 살아 있는 것, 두 발로 걸어 다니는 것, 푸른 하늘을 볼 수 있는 것, 내가 태어난 나라에서 모국어로 공부할 수 있는 것, 책을 읽고 글을 쓸 수 있는 것, 명상하고 꿈을 꿀 수 있는 것, 원하기만 하면 기도할 수 있는 것, 가족·친구·친지와 이야기할 수 있는 것, 아주 조금 절제하고 희생한 몫으로 남모르게 봉사하며 선을 실천할 수 있는 것 …. 이 모두가 처음인 듯 새롭게 감사하며 기뻐할 일이라 여겨집니다.

*

'날마다 새롭게 기뻐하게 하소서!'라는 짧은 기도를 자주 외우다 보면 삶이 정말 기뻐집니다.

존재 자체로 기쁨을 여는 창문이 되어 작은 위로, 작은 웃음, 작은 평화를 이웃에게 건네는 '기쁨이'가 될 것입니다. 그래서 마침내 "나의 이름은 기쁨입니다. 기쁨은 나의 이름입니다" 하고 자신 있게 고백할 수 있을 거예요.

*

가장 크고 영속적인 기쁨은 어느 정도의 자제를 실천하고 예비훈련의 지루함을 견뎌내는 자세가 갖추어진 사람만이 맛볼 수 있다. 전망은 산꼭대기에서 내려다보는 것이 가장 좋지만 거기에 도달하기까지는 험난할 것이다. … 기쁨은 경솔함과 다르다. 경솔함은 행동이고 기쁨은 습관이다. 흥겨움은 잠깐 빛났다가 금방 사라지는 혜성과 같고 기쁨은 변함없이 반짝이는 별과 같다. 흥겨움은 시끄러운 소리를 내며 빠르게 타들어 가는 가시덤불과 같고, 기쁨은 조용히 오래 지속되는 모닥불과 같다. 훨씬 오래도록 지속되기 때문에 기쁨은 힘든 일도 쉽게 만든다.

지금은 고인이 된 유명한 설교가 풀톤 쉰 주교의 『행복에 이르는 길』에서 만난 구절들을 몇 번이고 읽어 봅니다.

※

새해 복 많이 받으세요.

복 많이 지으세요.

그리고 누구도 빼앗아 갈 수 없는 맑고 고요한 기쁨, 성실과 겸손이 빚어내는 내적인 기쁨도 더 많이 만드세요. 일상의 사소한 일들 속에도 살짝 숨어 있는 기쁨을 놓치지 않으려면 눈을 크게 떠야 합니다. "기쁨!" 하고 낮은 목소리로 부르기만 해도 기쁨이 얼른 뛰어와 안길 수 있도록 두 팔을 크게 벌리고 즐겁게 노래하며 새해를 맞으세요.

우정의 축복 속에

　내가 한 번도 가 본 적이 없는 낯선 나라 독일이 율리아나의 편지로 인해 늘 가까이 느껴지곤 합니다. 이번에 선물로 보내 주신 '빈 소년합창단'의 성탄 노래 음반 두 개를 감사히 받았어요. 가까운 벗과 함께 공감하며 들으라고 일부러 똑같은 것 두 개를 보내 준 그 섬세한 마음에 감동했습니다.
　항상 좋은 책과 음악을 가까이하고 규칙적으로 산책하는 모습, 병원에서 누구에게나 친절한 나이팅게일 천사로 일하는 모습, 오랜 세월 깊은 우정을 나눈 독일인들과 정겹게 대화하는 효정의 모습이 눈에 선하네요. 그대가 한결같이 존경하는 피천득 선생님께 요즘도 주말마다 전화를 하시는지요?
　구순이 넘으신 선생님은 몸이 무척 쇠약해지셨지만 정신은 아직 맑으시고 유머를 즐기시는 분임을 얼마 전에 뵙고 다시 확인하였지요.

　　　나의 생활을 구성하는 모든 작고 아름다운 것들을 사랑한다.

고운 얼굴을 욕망 없이 바라다보며, 남의 공적을 부러움 없이
찬양하는 것을 좋아한다. 여러 사람을 좋아하며 아무도 미워
하지 아니하며 ….

피 선생님의 「나의 사랑하는 생활」 끝 부분에 나오는 이 말
을 그대로 나 자신의 소망으로 되풀이해 읽어 보곤 하는 감
사의 나날들입니다.

항상 우정의 축복을 고마워하는 율리아나, 나도 요즘은 사
람들과의 이런저런 인연, 우정의 아름다움을 자주 묵상하고
어린 시절의 벗들에 대한 그리움을 기도로 봉헌하곤 합니다.
  사람이 나이 들면 친구들, 특히 어린 시절의 친구들을 그
리워하며 힘들게라도 찾아서 연락하고 모임을 만들어 자주
대화를 나누며 취미활동도 함께하는 모습들이 정겹고 아름
답게 보입니다.
  며칠 전에는 여중 시절에 나와 한 반이었고 지금은 초등학
교 교사가 된 이혜순이라는 친구가 단발머리의 내 사진을 넣
어 편지를 보냈는데 44년 동안 한 번도 만난 적이 없는데도
그리움으로 살아와 당장 전화를 걸었답니다.
  "… 음악시간에 선생님이 노랫말을 읽으라고 하면 차분하
고 또랑또랑하게 감동적으로 가사를 읽던 네 모습이 생생해.
내가 처음으로 시가 좋다고 느낀 순간이었어. 지금도 글쓰기
싫어하는 건 여전하지만 학교에서 동시를 가르칠 땐 너를 생

각하곤 한단다 …."

　이 글을 받을 무렵 10년 가까이 연락 없어 궁금했던 친구 박인희가 "오늘은 보름달을 바라보며 꼭 네 목소리가 듣고 싶었어. 너 나 잊지 않았지?" 하며 미국에서 불쑥 전화를 걸어왔습니다. 이 친구는 「모닥불」「그리운 사람끼리」를 부른 가수이며 방송인이기도 한데 우린 서로 일기를 바꾸어 볼 만큼 친하게 지냈습니다. 또 오늘은 유명한 영화배우의 장모가 된 초등학교 친구 안현숙이 "캐나다에서 며칠 전에 왔는데 나 보고 싶지 않니? 자주 연락 못해도 항상 생각하는 것 알고 있지?" 하며 전화를 했더군요.

　수도생활에 방해될지 모른다며 일부러 연락을 안 하다 나이 들어 부쩍 자주 소식을 보내오는 어린 시절의 벗들을 불러 모아 부침개도 해 먹으며 밤새 동심의 이야기꽃을 피우고 싶은 그런 마음, 이해하시지요? 친한 벗들조차 무조건 멀리해야만 덕에 이른다 여겨 필요 이상으로 냉정하게 경계하고 긴장하며 살았던 지난 시간들이 후회되고 아쉽지만, 그땐 그런 절제도 필요했노라고 자위해 봅니다.

　우정의 아름다움에 대하여 글로는 많이 썼지만 나 자신 진정한 우정의 주인공이 되는 일에는 부족함이 많았다고 봅니다. 본의 아니게 서운하게 한 일도 많았던 것 같구요. 율리아나가 그토록 좋은 벗들과 우정 관계를 오래 지속할 수 있음은 상대에 대한 끊임없는 관심과 배려, 신뢰와 정성을 다한 돌봄, 약속에 대한 성실함 덕분이었을 것입니다. 나도 새해에는 좀 더 자주 친구들을 기억하고 가끔은 만나기도 하면서 우정의 나무를 튼실하게 가꾸어야겠습니다. 삶에 필요한 지혜도 벗들에게 배워야겠습니다.

인터넷에 떠 있는 여러 종류의 동창 모임에도 많이 인용되는 나의 시 「우정일기」의 한 구절을 먼 독일까지 들려 드리면서 매화 향기 가득한 나의 우정을 전해요. 나이의 차이를 뛰어넘어 늘 편안하게 마음을 나눌 수 있는 그대가 있어 행복합니다.

친구야, 네가 있기에
이렇게 먼 길을
숨 가빠도 기쁘게 달려왔단다
많은 말 대신
고요한 신뢰 속에 함께하는 시간들이
늘 든든한 기도였단다
우정은 때로
사랑보다 힘이 있음을 믿어
너를 생각하면
세상이 아름답고
근심조차 정겹구나
푸른 하늘로 열리는 우정의 축복 속에
다시 불러 보는 별 같은 이름, 친구야

부활의 봄에 핀 수선화

올 3월엔 많이 놀랐습니다. 제가 사는 부산에 100년 만의 폭설이 내렸고, 며칠 전엔 제법 강도 높은 지진이 일어나 놀라고 나니, 이렇게 살아 있다는 사실이 또 한 번의 기적으로 여겨집니다.

하얀 눈길을 걸어 11명의 새 지원자가 들어오던 그날, 11개의 눈사람을 만들어 환영의 글과 함께 수녀원 입구에 세워 놓았던 일을 잊을 수 없습니다. 우리 모두가 하얀 눈나라의 눈사람이 된 느낌이었지요.

꽃이 필 것 같지 않던 봄 속의 겨울을 절제와 극기의 시기인 사순절의 기다림 속에 보내고 나니, 어느새 희망찬 부활의 봄이 꽃향기와 함께 성큼 다가와 있네요.

오늘은 해외에 있는 친지로부터 부활카드를 받았습니다. 기쁨의 봄, 부활의 봄을 축원하는 내용과 함께 토끼, 달걀, 수선화, 제비꽃이 어우러진 그림입니다.

보통 부활절은 4월이라서 진달래나 자목련과 더불어 맞이하는데 올해처럼 6년에 한 번꼴로 돌아오는 3월의 부활절은 노란 수선화와 함께 맞이하게 되네요. 성당 앞 느티나무 아래, 뒷산 묘지 곁에, 잔디밭 옆에, 큰 바위 아래 다소곳하게 고개 숙인 모습으로 수선화가 무리 지어 피어 있습니다. 곁에 서면 가슴에서 평화의 종소리가 들려올 것 같은 꽃, 맑고 고요한 눈빛으로 그리움도 아끼는 꽃, 부활의 봄을 노래하고 싶어 하는 꽃 ….

하얀 꽃잎의 수선화도 있지만 아무래도 부활절엔 노란빛이 더 어울리는 것 같네요. 제주도에서 종종 친지가 보내오는 야생수선화만큼 향기가 진하지는 않지만, 매화에 이어 봄을 알리며 곳곳에 피어나는 우리집 뜰의 수선화를 사랑합니다. 수도생활을 하기 위해 서울에서 부산까지 기차를 타고 왔던 40년 전 3월의 그날에도, 수선화는 부활절의 기쁨을 알리며 피어 있었지요.

  … 그대는 신의 창작집 속에서
  가장 아름답게 빛나는 불멸의 소곡
  또한 나의 적은 애인이니
  아아 내 사랑 수선화야
  나도 그대를 따라 저 눈길을 걸으리

여중 시절 음악시간에 배운 가곡 「수선화」를 가사가 좋아서 즐겨 불렀던 일이 생각납니다. 이 노래를 특히 잘 불렀던 혜숙이란 친구는 지금 서울에서 조그만 화랑을 운영하며 수선화처럼 살고 있습니다.

자신은 힘들고 아프게 피어나 사람들에게는 늘 기쁨으로 다가오는 꽃.

꽃을 바라보면 죄를 지을 수 없을 것입니다. 그 누구도 그 무엇도 미워할 수 없을 것입니다. 차가운 겨울바람과 눈 속에 고운 꿈을 익혀 온 수선화, 죽음의 어둠을 물리치고 부활하신 예수님을 반기며, 주체하지 못하는 기쁨으로 웃음을 터뜨리는 수선화를 바라보며 동시 한 편을 읊어 봅니다.

>천둥 번개가 아무리 쳐도
>꽃은
>빙그레 웃고만 있네
>
>죄라는 단어를 읽어 보지 못해
>죄의 곁에 서 보지 않아
>
>천둥 번개가 아무리 쳐도
>꽃은
>빙그레 웃고만 있네
>
>― 박두순 「웃고만 있네」

그래요. 이래저래 힘겹게 오늘을 살아가는 우리지만, 사소한 죄의 유혹에도 눈길을 주지 말고 좀 더 맑고 정직해지기를 함께 기도하며 깨어살면 좋겠습니다. 날마다 새롭게 피어나는 한 송이 꽃의 순결한 평상심을 배우며, 마음에도 삶에도 새봄을 들여놓는 아름다운 3월입니다.

선을 위한 성실함으로

오늘 아침 주방에서 설거지를 하다가, 수평선 위로 떠오르는 둥근 해를 바라보며 잠시 일손을 놓고 그 아름다움에 우리 모두 탄성을 질렀답니다. 또 하루 열심히 살아가라고 붉게 떠오르는 태양이 빛으로 재촉하는 것만 같았지요.

'감옥에서 맞는 스무 번째의 성탄입니다'로 시작하는 요셉의 편지를 받고 얼마나 마음이 아팠는지 모릅니다. 죽음보다 무서운 삶의 시간들도 있더라는 말, 살아 보니 감옥이야말로 인생 종합대학인 것 같더라는 그 말의 참뜻을 조심스레 헤아려 봅니다.

감옥살이 20년의 세월이 징벌이 아닌 은총의 준비기간이었음을 증명하는 삶을 살아야겠다는 요셉, 차디찬 감방에서 보낸 그 20년 세월을 제가 어떻게 감히 짐작이나 할 수 있겠습니까.

모범수에게만 주어진다는 지난번의 그 짧은 휴가는 뜻 깊게 보내셨을 줄 압니다. 그때도 잊지 않고 전화 주어 반가웠어요. 평소에도 많이 듣는 말이긴 하지만 나더러 늘 건강하라는 말, 언제나 이웃과 함께 행복하라는 그대의 말을 새삼 뜻 깊은 덕담으로 들으며 새해 새봄을 시작하고 있습니다.

요즘 저의 오른팔이 불편해 동네 정형외과에 다니면서 아픈 사람들을 많이 만나게 됩니다. 병원에서 만나는 사람들은 처음인데도 낯설지 않고 이런저런 이야기를 나누며 금방 친구가 되곤 하는데, 아마도 서로서로가 비슷한 처지에 있기 때문이겠지요.

건강할 때는 무심히 지나쳤던 '아픈 사람들'이 좀 더 가까이 눈에 들어오는 걸 보면, 사람이 남을 제대로 배려한다는 것이 얼마나 어려운가를 새삼 절감하곤 해요. 말은 쉽지만 실천은 쉽지 않다는 거지요.

우리 공동체의 노수녀님 두 분이 서로를 챙기는 자매적 우애는 늘 아름답게 보입니다. 눈이 좋은 한 분이 당뇨 합병증으로 시력이 약한 동료를 위해 신문과 좋은 글을 읽어 주면, 그분은 라디오에서 들은 이런저런 뉴스를 답례 삼아 들려주곤 하는데, 어쩌다 저도 그 사이에 끼어 차 한 잔 마시며 이야기를 거들 때가 있답니다. 어디서나 약한 사람들끼리 서로를 위하고 챙겨 주는 모습은 가슴 찡한 감동을 줍니다.

'선을 위한 성실함'이라는 말이 자꾸만 묵상 과제로 떠오르고 마음속에서 맴도는 요즘이에요. 늘 타성에 젖고 무디어지기 쉬운 우리기에 날마다 새롭게 선을 선택하고 실행하려

는 성실함이 필요하고, 이것만이 인간관계를 튼실하게 하며 삶에 기쁨과 평화를 가져온다고 믿습니다.

오늘 만난 의사 선생님은 "참으로 선하게 살다가 죽어야 하는데…"하며 환자 한 사람 한 사람에게 최선을 다하기로 날마다 의식적으로 다짐한다고 하였습니다. 늘 하는 수술이라도 첫 마음의 두려움을 지니고 기도하면서, 참고도서를 다시 읽어 보고 수술에 임한다는 그의 말이 신선한 여운으로 기억에 남습니다.

다른 사람이 사랑 가득하고 선하고 거룩해지기를 자꾸 바라지만 말고, 자신이 먼저 사랑 많고 선한 사람이 되려는 노력이야말로 우리가 우선적으로 추구하고 실행해야 할 과제라고 생각합니다.

담 안에서의 남은 날들 동안 우선 몸의 건강 잘 챙기고 마음도 늘 밝은 쪽으로 방향을 돌려서 밝게 웃는 요셉의 모습, 제가 기대해도 되지요? 우리가 걸어야 할 삶의 여정에서 승리자가 되는 길은 '선을 위한 성실함'에 있다는 것을 날마다 새롭게 깨우치며 우리 함께 노력하기로 해요.

제가 요즘 즐겨 읽는 『아미엘의 일기』 중 한 부분을 소개하면서 이 글을 맺습니다.

아집을 버려야 한다. 그리고 자신의 생애를 뒤돌아봐야 한다. 이것이 병이 주는 가르침이다. 다시 삶의 수레바퀴로 돌아가 너의 의무를 명심하고 출발하도록 하라. 이것이 바로 너의 양심과 이성이 부르짖는 외침이다. 인생은 짧고 위대하다. 인생은 신을 위해, 선을 위해, 타인의 행복을 위해 우리에게 잠시 맡겨진 삶이다. 성실해져라. 너의 영혼을 구제하라. 네 죽음의 잠자리를 위해 양심의 베개를 만들어 두어라.

종소리

표정과 웃음이 늘 밝고 수수한 모습의 명자 베로니카 님, 오늘도 잔잔한 음악이 흐르는 작은 미용실 '머리하기 좋은 날'에서 손님들의 머리를 정성껏 손질하고 계실 테지요? 하루의 일과를 시작하기 전 이른 아침, 잠시 음악을 배경으로 성경과 시를 읽고, 사색노트를 정리하는 자신만의 호젓한 시간을 마련해 두니 삶이 훨씬 즐겁고 풍요로워졌다며 환히 웃던 모습이 눈에 선합니다.

오랜 세월 병으로 고생하는 남편 뒷바라지하느라 몸과 마음이 지치고 경제적으로도 힘들어 살던 집을 내놓아야 하는 어려움 속에 있으면서도 미소를 잃지 않던 그 모습에 제가 얼마나 감동했는지요!

언젠가 저의 시집을 읽고 보내 주신 고운 편지에 거의 2년 만에 답을 한 것이 인연이 되어 우리는 몇 번 만났고 미용실이 마침 우리 어머니 댁과 같은 동네에 있어 서울 갈 일이 있으면 제가 종종 깜짝방문을 하기도 하였지요. 제가 가면 손님들에게도 소개하고, 동네 과일가게 아줌마까지 오게 하여 한바탕 만남의 기쁨을 나누곤 했습니다. 부족한 저를 아주 귀한 손님으로 반겨 주는 이웃들의 그 밝고 소박한 웃음소리는 노래와 같은 여운으로 저를 행복하게 해 주었답니다.

요즘 저는 조금씩 재미로 모아 두었던 조가비, 돌멩이, 솔방울, 초, 종, 그림엽서 등을 이웃과 나누고 있는 중이랍니다. 베로니카 님에게는 앙증스런 종 하나를 선물로 보내 드릴 테니 잘 길들여서 정다운 친구로 만들어 보시길 바랍니다. 기쁠 때 흔들면 웃음소리를 낼 것이고, 슬플 때 흔들면 울음소리를 낼 것이고, 용기가 필요할 때 흔들면 기도하는 소리를 낼 것입니다. 지금은 새것이지만 언젠가는 세월과 함께 손때 묻은 종을 저에게도 다시 보여 줄 날이 있을지도 모르겠네요.

그러고 보니 종은 특별히 수도원의 일상과 긴밀히 연결되어 있습니다. 수도원에서 수십 년간 종소리를 들으며 살다 보니, 제가 어쩌다 다른 곳엘 가도 어렴풋이 환청으로 종소리가 기도처럼 들려오는 경험을 할 때가 있습니다.

우리는 새벽 6시, 낮 12시, 저녁 6시, 하루 세 번 성당 종탑의 큰 종(삼종을 알리는)을 밖에서 치고 안에서는 기상 시간, 기도 시간, 수업 시간마다 작은 종을 칩니다. 누가 임종을 하면 평소의 속도와는 아주 다른 속도로 천천히 종을 치는데 이때는 가슴이 미어지는 큰 슬픔에 아무 일도 못합니다.

일의 시작과 마침을 알릴 때, 알림사항이 필요할 때, 도움이 필요할 때도 많은 말 대신 종을 치면 편리하지요. 요즘도 우리는 식당에서 침묵하며 공동독서를 듣다가 원장수녀님이 종을 치면 비로소 이야기를 시작합니다. 이 종에는 수녀들이 축일마다 다른 빛깔의 리본을 곱게 달아 놓곤 합니다.

종은 많은 말들을 간결하게 압축해 주는 절제의 상징이고, 잠을 깨우는 생명의 상징이며, 의사소통을 위한 대화와 통교의 상징이기도 합니다. 노래를 담은 기쁨의 상징으로 축하카드에 달려 있기도 하지요. 날마다 새롭게 퍼지는 종소리를 들으며 저도 하나의 종이 되고 싶다는 생각을 합니다.

새가 먼저 봄을 알리는 3월에, 아니 봄뿐 아니라 사계절 내내 우리도 가슴에 고운 종을 하나 달기로 해요. 매일 만나는 서로 다른 친지들에게 정성 없이 아무 소리나 내지 말고, 각자에게 꼭 어울리는 사랑의 소리로 기쁨을 주도록 노력하면 좋겠습니다.

겨울을 인내로이 잘 보낸 그대의 마음 안에도 희망의 새봄을 들여놓으시라 기도하면서, 오늘 제가 메모해 놓은 글 하나 읊어 드릴게요.

끊임없이 나를 부르는
하느님의 소리 어머니의 소리
어둠 속에 나를 부르는
애인의 소리 친구의 소리

사랑의 소리에는

나도 소리로 녹아들 뿐

그리움으로 응답할 뿐

어찌할 수가 없네

- 「종소리」

흰구름 이야기

오, 보아라
잊혀진 아름다운 노래의
조용한 멜로디처럼
푸른 하늘가를 계속 떠도는 흰구름을
긴 여행 속에
방랑의 슬픔과 기쁨을
알지 못하는 사람은
흰구름을 이해할 수 없으리
나는 태양이나 바다나 바람을 사랑하듯
정처 없이 떠도는 흰구름을 사랑한다
고향이 없는 자에게 그것은
누이이며 천사이기에

편지를 쓸 적마다 늘 '흰구름의 평화!'라고 인사말을 적어 보내는 로제, 이번에 해외 여행길에서 노래로 만들었다며 내게 건네준 헤르만 헤세의 시 「흰구름」을 다시 읽어 봅니다. 작곡의 재능이 있다면 내가 벌써 노래로 만들었을 텐데 …. 어쨌든 고마워요. 요즘도 이 시를 좋아하는 사람들이 참 많지만 나 역시 처음으로 이 시를 읽은 십대 소녀 시절부터 지금에 이르기까지 꾸준히 애송하고 있답니다.

투명한 가을 하늘도 좋지만 흰구름이 떠 다니는 하늘도 얼마나 아름다운지요! 특히 요즘은 구름이 자주 등장하여 하늘에서 눈을 뗄 수가 없네요. 내가 아주 사소한 일로 안으로 움츠러들며 옹졸해지려 할 땐 뭉게구름이 환히 웃으며 말해 줍니다. '모든 이의 누이며 천사가 되고 싶다면 좀 더 푸근해질 줄 알아야죠.'

글을 써야 할 때 아무 생각도 나지 않아 답답하고 초조할 적엔 새털구름이 살짝 일러 줍니다. '눈 감고 새의 깃털을 상상하면 가볍고 경쾌하게 길이 열릴 거예요.'

바다를 보고 싶을 적엔 조개구름이 손짓을 하며, '자, 하늘에도 바다가 있는 것 보이시나요? 조가비를 좋아하는 님을 위해 제가 이렇게 요술을 부리고 있잖아요' 합니다.

안개구름은 우리가 잘 모르는 세계의 신비를 이야기해 주고, 양떼구름은 무리 지어 함께 사는 삶의 즐거움에 대해 말하고 싶어 하던걸요.

매일 새롭게 시작하고 새롭게 만나는 사람들에게 나 역시 흰구름이 되어 다가가고 싶답니다. 성격이 불같고 모난 사람에겐 뭉게구름의 포근함을, 굼뜨고 둔한 사람에겐 새털구름

의 예리함을, 스스로 외톨이가 되려는 사람에겐 양떼구름의 공동체성을 강조하며 요술을 피우는 즐거움으로 최선을 다하다 보면, 관계가 금방 아름답게 변화되는 것을 체험하곤 합니다. 로제도 그렇게 해 보세요. 효과 있을 겁니다.

가을이 되니 부쩍 외롭다고 고백하는 이들이 많네요. 살기 힘들다고 우는 이들도 많고 이런저런 일들로 기도를 부탁해 오는 이들이 많아요. 이런 이들에게 불쑥 헤세의 시만 읽어 주면 너무 낭만적이라 그 의미를 놓칠 수도 있겠지만, 로제가 만든 노래를 되풀이해 부르다 보면 시의 뜻도 더 깊게 새겨질 수 있을 것 같아 좋아요. 이 가을엔 더 많은 이웃을 초대해 함께 흰구름을 바라보고 싶습니다.

> 구름이 구름이 하늘에다 그림을 그림을 그립니다
> 노루도 그려 놓고 토끼도 그려 놓고
> 동생하고 나란히 풀밭에 앉아
> 흘러가는 구름을 바라봅니다 바라봅니다

어느새 나의 애창곡이 되어 버린 이 동요를 오늘도 다시 한번 불러 봅니다. 잠시 하늘의 구름을 바라보는 것만으로도 마음이 가벼워지거든요. 구름은 어디에도 매이지 않는 자유의 상징, 머물면서도 흘러가는 그리움의 상징입니다.

누군가 까닭 없이 미워지고 용서하기 어려울 때, 영원히 살 것처럼 끝도 없는 욕심이 뭉게뭉게 피어오를 때, 우리는 하늘의 흰구름을 바라보며 우리를 가볍게 합시다. 다시 길을 떠나 모든 이에게 하늘의 사랑을 전하는 흰구름 길의 흰구름 천사가 되기로 해요. 안녕!

부탁하고 싶은 것 세 가지
- 아름답게, 순결하게, 성실하게

어쩌다 청소년들을 만나면 종종 수첩이나 메모장을 내밀며 나에게 사인을 해 달라고 합니다.

꽃모양까지 넣어 이름을 적어 주면 그다음엔 삶의 지침이 될 좋은 말 한마디 써 달라 주문하기도 하지요. 그러면 나는 '내가 아니면 누가? 지금 아니면 언제?' '모든 일에 정성을, 모든 사람에게 사랑을!' '새롭게 감사하는 오늘!' '작은 일에 충실한 기쁨!'이란 말을 자주 적어 주곤 합니다. 지금 이 시간 여러분이 내게 수첩을 내민다면 나는 이렇게 적어 보고 싶네요. '아름답게, 순결하게, 성실하게!'

젊음 하나만으로도 아름다운 여러분이 더욱 아름다워지기 위해선 마음을 맑게 가꾸고 양심의 소리에 예민하게 귀 기울이는 노력이 필요하답니다. 수만 명의 회원이 가입해 있는 어느 여배우의 홈페이지에서 몸매가 아름다워지는 비결을 묻는 젊은이들이 너무도 많은 걸 보고 놀란 일이 있습니다.

외모를 아름답게 가꾸는 일도 여러분에겐 매우 중요한 일임을 이해합니다. 그러나 자신의 외모에 대한 관심 못지않게 마음을 아름답게 가꾸는 일도 소홀히 하지 않는 여러분이 되면 좋겠습니다. 혼자서 조용히 생각하는 시간도 많이 갖고, 바쁜 생활 틈틈이 좋은 책도 많이 읽으며, 가족 친지에겐 늘 순수한 마음씨, 고운 말씨, 명랑한 표정으로 다가가는 아름다운 10대가 되기를 진심으로 부탁하고 싶어요.

깨끗함과 순결함의 상징인 여러분이 더욱 순결해지기 위해선 자신의 마음과 눈, 귀와 입과 몸을 절제 있게 다스릴 필요가 있습니다. 서로 사랑한다는 이유로 성인이 되기도 전에 성관계를 맺고 학업에 흥미를 잃거나 고민하는 10대들의 편지를 받으면, '자신이 밉다' '죽고 싶다' '후회하지만, 때가 늦은 것 같다'는 표현을 많이 봅니다. 인터넷 때문에, 친구들 때문에 유혹에 빠진 결과라고 변명도 해 보지만, 이런 변명은 사실 구차한 핑곗거리에 지나지 않음을 자신도 알고 있는 듯합니다. 호기심을 지닐 순 있지만 자신의 본분을 잊고 타락의 길로 빠져드는 호기심의 노예가 되지는 말아야지요. 10대의 생활습관은 평생을 간다는 것을 기억하세요. 한번 가면 다신 돌아오지 않는 젊음을 무절제하게 낭비하지 마세요.

충동적인 쾌락에 길들여지지 말고 절제와 기다림의 열매인 기쁨에 길들여지는 여러분이 되기를 간곡히 부탁하고 싶어요.

항상 공부의 무게에 눌려 여유 없이 사는 여러분이지만 가끔은 별과 꽃을 보며 웃고, 음악을 들으며 즐거워하고, 곁에 있는 가족들을 향해 고맙다는 인사도 새삼스럽게 전하고 싶을 때가 있지요? 사랑과 감사의 표현에도 늘 인색하지 않은 여러분이 되기 위해선 그날그날 새롭게 연습하는 노력이 필요할 겁니다. 앞으로도 멀리 가야 할 삶의 길에서 성실이야말로 여러분이 갈고 닦을 소중한 덕목임을 잊지 마세요. 자기 자신과의 관계, 가족 이웃과의 관계 그리고 자신의 꿈을 이루어 가는 모든 일에도 끝까지 책임을 지고 최선을 다하는 성실한 사람만이 삶의 승리자가 된다는 것을 잊지 마세요. 인내와 끈기를 포함한 성실은 실망, 좌절, 자포자기를 용납하지 않고 더욱 앞으로 나아갈 힘과 용기를 줄 것입니다.

제가 당부한 이 세 가지 지침을 마음의 보물로 간직하고 오늘도 열심히 살아가는, 그래서 더욱 행복한 여러분이 되기를 바랍니다. "우리는 행복이란 제품을 만들 수 있는 재료와 힘을 자신 속에 지니고 있으면서도 기성품의 행복만을 찾고 있다"(A. 알랭)라는 말을 우리 함께 기억하며 삶의 길을 걷기로 해요. '아름답게, 순결하게, 성실하게!' 웃으며 걸어갈 여러분을 사랑합니다.

이제는 좀 쉬세요
- 수능 끝낸 학생들에게

 수도원을 방문하는 친지들은 종종 수험생 아들딸 뒷바라지하는 고달픔과 초조함을 호소하면서 '당신들은 우리 같은 걱정 안 해도 되니 좋겠다'며 사뭇 부러운 눈빛을 보내기도 합니다.
 수능시험 보는 날, 올해도 추울까 긴장했는데 날씨가 비교적 포근하여 한결 마음이 놓였답니다.

> … 당신을 불러 봅니다
> 내가 부를 때마다
> 어디서나 듣게 되는
> 당신의 응답
> 언제나
> 당신은 제 안에 계시고
> 외로울 때 어려울 때
> 부르기만 하면

눈물 어린 계시로 당신은
내 안에서 살아납니다 …

박목월의 시 한 구절을 읽으며 그동안 정성 다해 수험생들 뒷바라지한 우리 어머니들의 희생과 노고를 생각합니다.
수능시험 볼 무렵이면 성당이나 교회나 절에 가서 새벽기도를 바치며 두 손 모으는 그 간절한 모정에 감동하며 함께 기도하는 마음이 되곤 했습니다. 올해도 마음으로 응원할 뿐 아니라 입시생들을 위해 큰 소리로 기도하던 우리 목소리를 들으셨지요? 한 편의 아름다운 시이고 기다림의 눈물인 이 땅의 모든 어머니께 작은 위로의 꽃 한 송이라도 보내 드리고 싶습니다.
시험의 결과를 기다리며 다시 초조한 마음이 되실 테지만 그때까지만이라도 몸과 마음을 좀 쉬면서 산과 바다에도 가시고, 음악도 들으시고, 좋은 책도 읽으시며 자신을 위로하는 여유와 시간을 가지도록 하세요. 오로지 자식에게 헌신하느라 돌볼 틈이 없던 자신을 찾아 재충전의 시간을 가지셔야만 다시 뒷바라지할 내적인 힘이 생겨날 것입니다.

밤낮으로 공부에만 매달려 정신없이 살았던 우리 수험생들도 참으로 수고가 많으셨습니다. 최선을 다했으니 이제는 노력한 만큼의 결과를 기다리며 힘들어도 밝게 웃으시길 바랍니다. 여러분이 웃어야만 가족들도 행복하니까요. 설령 원하지 않는 결과가 나오게 되더라도 울면 안 됩니다. 실수를 통해서도 웃을 수 있는 용기를 꼭 배우세요. 여러분은 가족들의 소중한 꿈이고 희망이니까요.

여러분의 오늘이 있기까지 사랑으로 배려한 가족과 선생님들에게 진정 감사하는 시간을 가지시길 바랍니다. 아주 작은 감사의 표현이라도 전하려고 애쓰면서 기다림의 시간을 가지세요.

인터넷에만 빠져 친구와의 우정이 소홀해지는 건 아닐까, 가족들과의 대화가 멀어지진 않을까 걱정이 앞서네요. 일과표를 지혜롭게 잘 짜서 원하는 공부도 틈틈이 하고 미루어 둔 효도도 하고 친구들과 우애를 다지는 여러분이 되면 좋겠습니다. (잠시 짬을 내어 집안일을 돕고 정리하는 건 어때요? 부모님과 함께 주변의 어려운 이웃을 찾아보는 건 어때요?)

며칠 전 광안리 바닷가에서 하늘로 쏘아올리는 APEC 기념 레이저 쇼를 수녀원 베란다에서 감상하는데, 분홍빛 하트 모양의 불꽃들이 인상적이었답니다. 그 고운 불꽃과 같은 사랑을 여러분께 드리면서, 한 번밖에 없는 젊음을 더 알뜰하고 보람 있게 보내는 여러분이 되도록 기도할게요. 시험 끝나고 허탈한 마음을 혹시라도 나중에 후회할 '나쁜 일'에 팔지 말고 순결하게 잘 관리하라고 당부하고 싶어요. 자유와 방종을 잘 분별하는 슬기로움이야말로 여러분 자신을 위해 스스로 만들어 가는 선물일 것입니다.

언젠가 제가 쓴 시의 한 구절로 이 미흡한 러브레터를 마무리할까 합니다.

(너희가 기쁠 땐 우리도 기쁘고
너희가 슬플 땐 우리도 슬프단다
너희가 꿈을 꿀 땐 우리도 꿈을 꾸고
너희가 방황할 땐 우리도 길을 잃는단다)

가끔은 세상이 원망스럽고
어른들이 미울 때라도
너희는 결코
어둠 속으로 자신을 내던지지 말고
밝고, 지혜롭고, 꿋꿋하게 일어서 다오
어리지만 든든한
우리의 길잡이가 되어 다오
한 번뿐인 삶, 한 번뿐인 젊음을
열심히 뛰자
아직 조금 시간이 있는 동안
우리는 서로의 마음에
하늘빛 창을 달자

2005. 11 「동아일보」

용서의 계절

　새롭게 주어지는 시간을 알뜰하고 성실하게 사용하지 못하고, 우왕좌왕하며 쓸데없이 허비한 당신을 용서해 드립니다. 나도 그렇게 했으니까요.

　함께 사는 이들에게 바쁜 것을 핑계 삼아 따뜻한 눈길 한 번 주지 못하고, 듣는 일에 소홀하며 건성으로 지나친 당신을 용서해 드립니다. 나도 그렇게 했으니까요.

　남에겐 줄곧 사랑을 외치면서도 이기적으로 행동하고 상대방에 대한 배려보다는 자신의 유익을 먼저 챙긴 당신을 용서해 드립니다. 나도 그렇게 했으니까요.

　내가 어쩌다 도움을 청했을 때 냉정하게 거절한 당신을 용서해 드립니다. 나도 남에게 그렇게 했으니까요.

다른 사람에게 남의 흉을 보고 때로는 부풀려서 말하고 사실이 아닌 것을 전달하고 그것도 부족해 계속 못마땅한 눈길을 보낸 당신을 용서해 드립니다. 나도 그렇게 했으니까요.

감사보다는 불평을 더 많이 하고 나의 탓을 남의 탓으로 돌리는 말을 교묘하게 되풀이한 당신을 용서해 드립니다. 나도 그렇게 했으니까요.

사소한 일로 한숨 쉬고 실망하며 밝은 웃음보다는 우울을 전염시킨 당신을 용서해 드립니다. 나도 그렇게 했으니까요.

*

어느새 우리는 한 해의 끝자락에 와 있습니다. 용서와 화해를 서둘러야 할 때입니다.
"난 절대로 용서 못해."
"죽어도 화해 못해."
"한 번 아닌 것은 절대로 아니라니까. 두고 보라지."
어떤 경우에라도 이렇게 말하지 마십시오. 우리의 모든 날은 용서하기 위해 주어진 시간이고 선물입니다. 죽을 만큼 힘들더라도 우리가 누군가를 진심으로 넓게 시원하게 용서하는 그 순간에 우리는 날개가 없어도 천사가 되는 것입니다.
올해는 어떤 다른 선물보다도 '용서하는 마음'을 들고 친지들에게 다가가는 우리가 되면 좋겠습니다. 크리스마스 카드나 연하장에 나도 올해는 고운 덕담과 함께 '저의 잘못으로 마음 상한 점들을 진심으로 용서 청합니다!'라고 쓸 것입니다.

 몇 년 전 어느 독자가 보내 준 빗자루 카드를 소중히 간직하고 있습니다. 산책길에서 구한 풀로 직접 빗자루를 만들어 고운 실로 끝을 여민 솜씨가 하도 정교하여 보는 이들마다 감탄을 하곤 했지요. 누군가를 아직도 용서하지 못하고 남아 있는 미움은 쓸어버리고, 누군가에게서 사랑받고 은혜 입은 감사의 기억은 작은 것이라도 소중하게 쓸어 담아야겠습니다. 한 번뿐인 순간순간을 보석으로 여기면서, 끊임없이 화해하고 용서하는 사랑의 용기를 구하면서 ….

미리 쓰는 유서

소나무 가득한 솔숲에 / 솔방울 묻듯이 나를 묻어 주세요 / 묘비엔 관례대로 / 언제 태어나고 / 언제 수녀가 되고 / 언제 죽었는가 / 단 세 마디로 요약이 될 삶이지만 / '민들레의 영토'에서 / 행복하게 살았다고 / 남은 이들 마음속에 / 기억되길 바랍니다 / 영정사진은 / 너무 엄숙하지 않은 걸로 / 조금의 웃음이 깃든 걸로 / 놓아 주세요 / 시를 쓰지 않아도 되는 지금 / 나는 이제 진짜 시가 되었다고 / 믿고 싶어요 / 갚을 길 없는 사랑의 빚은 / 그대로 두고 감을 용서하셔요 / 생각보다 빨리 / 나를 잊어도 좋아요 / 부탁 따로 안 해도 그리 되겠지요 / 수녀원의 종소리 / 하늘과 구름과 바다와 새 / 눈부신 햇빛이 / 조금은 그리울 것 같군요 / 그동안 받은 사랑 / 진정 고마웠습니다 …

임영희 멜라니아 수녀님, 우리는 같은 건물 같은 층에 살면서도 전처럼 자주 만나지 못해 서운해요.

어느 날 내가 쓴 위의 시를 전철 안에서 읽던 어느 독자가 "수녀님이 세상에 안 계신 것을 상상하니 하도 눈물이 나 차 안에 있을 수가 없어 내렸다"면서 내게 전화를 한 일이 있답니다.

지난해 연피정 중에는 공동체에서 우리 자신의 죽음에 대한 설문지를 돌렸지요? 나는 그때 심장 기증을 한다 하였고 화장보다는 매장이 좋다고 하였고 임종은 병원보다 본원에서 하고 싶다고 적었습니다. 설문지 항목에 동그라미를 친 것이지만 꼭 그대로 된다는 기대는 하지 않아요. 나의 관 위에는 꽃 대신 꽃시집 한 권을 올려놓으면 어떨까요?

수녀님들의 장례식은 예외 없이 단순하고 고요해서 좋은데 혹시 나의 사후에 신문에라도 소식이 나가면 문의가 많이 올 것이고, 그러면 죽어서까지 공동체를 번거롭게 할 텐데 … 하는 분심이 들 때가 있답니다. 그럴 땐 수녀님이 나서서 미사에도 최소한의 가족과 독자들만 참석하도록 조치해 주세요. 살아서 많은 이들을 위해 조시弔詩를 썼기에 "수녀님 것도 미리 하나 써 놓고 죽으라"고 동료들이 종종 농담을 하였지요. 누군가 추모의 말을 하고 싶으면 내 서원 모토인 '요긴한 것은 오직 하나'(루가 10,42)라는 성구와 '하느님의 사랑을 영원토록 노래하라'는 시편88편을 인용하라고 하세요.

사람이 가고 나면 소유물도 빛을 잃으니 최대한 빨리 유품 정리를 해 주시길 바랍니다. 책들은 다 도서실로 보내면 되고 일기장들은 태우기 아까우면 공동체가 보관했다 부분적

으로 출판을 해도 될 것 같군요. 그 밖의 자질구레한 것들과 옷가지들은 태울 것은 태우고 관례대로 처분하면 됩니다. 저작물 계약서와 관련서류들은 경리과에 맡겼으니 살펴보고 미진한 것들은 각 출판사에 문의하여 처리하면 됩니다.

나의 후배이지만 언니처럼 속이 깊고 편한 수녀님에게 내가 며칠씩 출장을 떠날 적마다 이런저런 심부름을 부탁했듯이, 삶의 마지막 길에서도 혈연 못지않은 아우가 되어 주길 부탁합니다. 수녀님이라면 내 방에 와서 유품 정리하며 정리 안 된 것들도 흉보지 않고 사랑으로 마무리해 줄 것 같은 신뢰가 가거든요. (그러니 나보다는 꼭 오래 사셔야 합니다!)

잠시 진지하게 가상유언을 하려니 살짝 눈물이 흐르네요. 죽음에 대해 지녔던 차가운 두려움이 요한 바오로 2세 교황님의 죽음과 장례식을 지켜보면서 따뜻한 그리움으로 바뀐 것 또한 얼마나 다행인지요!

"오늘은 그대의 남은 생애의 첫날Today is the first day of rest of your life"이라고 읊으며 살았던 나날의 삶에 마침표를 찍어 봉헌하는 기쁨을 감사드립니다.

나의 청춘을 다 바쳐 사랑했던 수도공동체여 안녕! 수도가족들이여 안녕! 다시 만날 때까지 안녕!

함께 사랑해요, 우리

다시 12월입니다. 올 한 해를 살아온 고마움과 놀라움으로 한 장 남은 달력을 바라봅니다.

오늘을 함께 사는 모든 사람들, 사물들, 자연에게 아름답고 따뜻한 사랑의 인사를 나누고 싶어지는 계절입니다. "각자의 삶의 자리에서 소임을 다하며 때로는 힘겹게 살아내시느라고 정말 수고가 많으셨지요?" 하고 물으면 눈물 글썽이며 고개 끄덕이는 내 이웃들의 모습을 대하며 가슴이 찡해 옵니다.

나는 '우리' 라는 말을 참 좋아해요. 우리 동네, 우리 나라, 우리 집, 우리 학교, 우리 친구, 우리 밥상, 우리 공동체 …. 이런 말들을 들으면 금방 마음이 순하고 따뜻해집니다. 사람들이 간혹 우리 남편, 우리 그이, 우리 집사람이라 표현하는 것 역시 얼마나 정겨운지요. 우리라고 하면서도 내 것임을 나타낼 수 있는 그 은근한 표현은 우리 말의 특이한 매력인 듯합니다.

수녀원에 처음 와서 어떤 물건을 사용하든지 나의 것도 우리 것이라고 말할 수 있어야 한다는 가르침이 무척 인상 깊고 마음에 들었습니다. 그리 쉬운 일은 아니었지만 수십 년이 지난 지금은 나라는 표현보다 우리라는 표현이 참 편하고, 정신적·물질적 소유에서 자유로워지는 데도 도움을 줍니다.

올 한 해 특별히 개인적으로 감사하고 싶은 일들을 몇 가지 떠올려 봅니다.

오랜 투병생활 끝에 저 세상으로 떠나신 세 분의 선배수녀님들이 남기고 간 깊은 믿음과 청빈한 모습에서 눈물겹도록 아름다운 삶의 지혜를 배운 것, 지상에서의 삶이 얼마 남지 않으신 구순의 노모를 수녀원 내에 모시며 그분의 투명한 단순함과 평온함을 배우는 가운데 노년의 삶을 더 깊이 이해하게 된 것, 삶이 힘겹다며 울먹이는 친지들에게 전화, 편지, 방문 등으로 '작은 위로자'의 역할을 해 줄 수 있었던 것, 시를 많이 짓진 못했지만 다른 시인들의 시를 찾아 읽으며 경탄의 감각을 회복하려고 노력한 결과 새소리, 바람소리, 파도소리에도 늘 가슴이 뛰고 사람들을 만나면 설레는 미소를 띨 수 있게 된 것, 함께 사는 이들의 쓰디쓴 충고와 질책이 당장은 먹기 힘든 음식이지만 잘만 소화해 내면 어떤 달콤한 칭찬보다 영적 성장에 유익한 선물이 됨을 자주 체험한 것, 새로운 인연을 통하여 삶의 다양성을 이해하고 안목을 넓히는 계기가 된 것, 바쁜 중에도 꾸준히 읽은 책의 어느 글귀들이 거룩한 갈망을 일깨워 준 것 …. 이렇게 적기 시작하니 쓰고 싶은 것들이 점점 더 많아집니다.

이번 크리스마스에 나는 누구에게 무엇을 선물할까 궁리하며 크리스마스까지 기다릴 것 없이, 바로 지금 여기서 감사를 발견하며 기쁘고 행복하게 살아갈 수 있다면 그것이야 말로 자신을 사랑하는 가족 친지에게 전하는 가장 좋은 크리스마스 선물이 아닌가 싶습니다.

내가 해야 할 일들을 미루지 않는 지혜, 해야 할 용서를 미루지 않는 용기를 날마다 새롭게 지닐 수 있도록 함께 기도해요, 우리. 함께 사랑해요, 우리.

> 이런 약속 지켜 보신 적 있습니까? / 언제 한 번 저녁이나 합시다 / 언제 한 번 술이나 한 잔 합시다 / 언제 한 번 차나 한 잔 합시다 / 언제 한 번 만납시다 / 언제 한 번 모시겠습니다 / 언제 한 번 찾아뵙겠습니다 / 언제 한 번 다시 오겠습니다 / 언제 한 번 연락드리겠습니다 …
>
> — 윤제림 「언제 한 번」

언제부터인가 우리 입에 붙어 버린 말, '언제 한 번'!

오늘은 또 몇 번이나 그런 인사를 하셨습니까?

악수를 하면서, 전화를 끊으면서, 메일을 끝내면서 ….

아내에게, 아들딸에게, 부모님께, 선생님께, 친구에게, 선배에게, 후배에게, 직장 동료에게, 거래처 파트너에게 ….

언제 한 번은 오지 않습니다. '오늘 저녁 약속'이 있느냐고 물어보십시오. '이번 주말'이 한가한지 알아보십시오. 아니 '지금' 만날 수 없겠느냐고 말해 보십시오.

사랑과 진심이 담긴 인사라면 '언제 한 번'이라고 말하지 않습니다. 사랑은 미루는 것이 아닙니다.

자신을 내어 놓은 두려움 없는 사랑의 승리
- 영화 『아빌라의 데레사』

나 오로지 날 바쳤으니

내 님은 나의 것

나는 내 님의 것

이러히 바꿈질하였노라

상냥하신 사냥꾼이 나를

쏘아 넘어뜨려

기진한 내 영혼이 그의 팔에 안겼을 제

새로운 삶을 얻어

이러히 바꿈질하였나니

내 님은 나의 것

나는 내 님의 것

사랑으로 독을 먹인 화살로 나를 찔러

내 영혼은 그 내신 님과 하나가 되어 버렸으니

다신 어느 사랑도 원치 않노라

내 하느님께 날 바쳤음에야

내 님은 나의 것
　　나는 내 님의 것 …

　고故 최민순 신부님이 번역하신 아빌라의 성녀 데레사(1515-1582)의 영성시들을 읽을 적마다 나는 주님을 향한 그분의 뜨거운 사랑을 부러워만 했지, 불화살에 찔리우는 사랑은 너무 엄청나서 선뜻 닮고 싶지 않은 두려움이 있었다.

　가르멜 수녀원에 계신 나의 언니수녀님이 수첩에 빼곡히 적어 건네준 성녀 대데레사의 말씀들 중에서도 특히 "하찮은 일에 우기기를 마구 하지 마라. 모든 것은 다 지나간다. 인내함이 모두를 얻느니라" 하신 잠언들을 자주 되새기며 힘들 적마다 도움을 받곤 했다.

　지난해 여름 직접 스페인의 아빌라에 가서 성녀의 친필과 유품이 전시된 기념관을 둘러보니 감회가 깊었다.

　환시로 본 소년 예수에게 "난 예수의 데레사야. 넌 누구니?" 하니 "난 데레사의 예수야"라고 대답했다는 일화가 전해지는 그 특별한 만남의 계단을 보니 절로 미소가 떠올랐다.

　이번 한가위 연휴에 나는 스페인 텔레비전에서 제작한 호세리아 몰리나 감독의 『아빌라의 데레사』(베네딕도 미디어) 8부작을 보았다. 성녀 대데레사의 삶과 영성을 아름다운 영상을 통해 좀 더 구체적으로 보고 가까이 느끼게 해 주는 이 영화를 통해서 좋은 영화는 좋은 영적 독서임을 다시 한번 절감하며, 영화를 '읽은' 향기로운 여운으로 갑자기 부자가 된 것 같은 느낌이다.

한 성녀의 생애를 시리즈로 만들어 방영하는 그 나라의 현실이 부러웠고, 영화 제작 당시 최고의 스페인 국민배우 콘차 벨라스크가 주인공으로 열연하는 모습을 지켜보는 즐거움도 컸다.

약 500년 전의 모습을 재현한 스페인의 아름다운 풍광 메시지를 전달하는 데 방해가 안 될 만큼 조용한 음악, 그리고 가톨릭 용어에 충실한 우리말 번역과 여러 성우들의 혼이 담긴 목소리가 편안함을 더해 주어 기뻤다. 가톨릭 신자라면 꼭 한 번쯤 가족 단위, 소공동체 단위로 이 영화를 감상하고 인상적인 대사나 장면들을 중심으로 서로의 느낌을 나누는 기회를 만들면 좋으리라 여겨진다.

"인생은 짧은데 … 세속에 대한 관심으로 가득 차 있고 기도와 희생이 부족해요. 텅 빈 동작, 텅 빈 말밖엔 없어요."

"미루기만 하는 영혼이 되지 맙시다. 주저와 우울은 금물이에요."

"새로운 길로 나아가려는 열망을 지녀야지요. 착한 정원사처럼 우리 영혼을 잘 가꾸어야 합니다."

"크신 사랑 앞에 난 녹초가 되었어요. 내 마음은 종종 전쟁터와 같았답니다."

그 어느 때보다도 영성의 샘물이 그립고 목마른 이 시대에 성녀의 입에서 나오는 모든 말들은 하나같이 우리 자신의 고백으로 또는 우리에게 전하는 뜻 깊은 메시지로 들려온다.

성녀 데레사가 미움, 질투, 분노, 오해의 대상이 되어 궁지에 몰릴 때, 주위의 반대를 무릅쓰고 고독하게 진리를 증언하는 입장이 되었을 때 '나라면 어떻게 했을까?' 한 번쯤 자문하지 않을 수 없다.

인간의 변덕스러움과 나약함을 누구보다 잘 이해했던 성녀 데레사! 지나치게 엄격한 것, 거룩한 것에 교묘하게 숨어드는 영적 오만과 허영심을 지극히 경계했던 그가 자신과 다른 이의 죄를 보속하는 뜻으로 스스로 편태하는 장면은 우리를 숙연하게 만든다.

고통과 환희, 어둠과 밝음이 시시때때로 교차하는 그의 부단한 인내와 투지의 영적 여정을 지켜보면서 '이렇게 적당히 안일하게 살아서는 안 되는데 …' 하는 반성과 성찰로 정신이 번쩍 들게 만드는 이 영화는 그래서 우리를 지체 없는 회개로 초대한다.

"주님, 저는 성교회의 딸입니다. … 딸들이여, 회칙과 회헌을 잘 지킨다면 다른 기적이 없어도 성인품에 오를 수 있습니다. 이 못된 수녀가 보여 준 나쁜 본보기를 닮지 말아 주십시오. 나를 용서해 주십시오 …" 하며 임종하는 장면에서는 절로 눈물이 흐른다.

성녀의 생애는 한마디로 하느님과 이웃을 위해 활활 태워 버린 불꽃이었다. 자신을 온전히 내어 놓은 사랑의 용기가 열매 맺은 사랑의 승리였다.

교회의 학자이시며 우리의 크신 어머니이신 성녀 데레사 님! 하느님을 깡그리 잊어버리고 그분을 모욕하고도 천연덕스럽게 살아가는 오늘의 우리에게 "하느님만이 전부이시다", "하느님으로 충분하다"라고 다시 큰 소리로 말씀하여 주십시오.
작은 고통도 두려워하는 오늘의 우리에게 "십자가의 예수를 바라보면 모든 게 쉬워진다" 하고 용기를 주십시오.
믿는다고 하면서도 자주 신앙이 흔들리고 세속적 현실과 타협하느라 가끔은 양심의 소리를 저버리기도 하는 비겁한 우리에게 다시 말씀해 주십시오.

  불안을 느낄 적엔 하늘이 보이는 곳으로 가서 산책하시기 바랍니다.
  우리는 자기의 약함을 부축해 주어야 합니다.
  주님은 눈물로 가득한 사랑 어린 눈길로 당신을 보고 계십니다.
  당신이 주님 곁에 가서 머리를 돌려 주님을 바라볼 수 있게 하기 위해서랍니다.

"사랑이란 상상의 산물이 아니고 행동이다"라고 끊임없이 외치시는 어머니 데레사 님!

냄비 속에도 주님이 계시다고 말씀하신 성녀 데레사 님!

평범한 일상의 삶을 통해서도 관상에 이를 수 있고 성덕에 다다를 수 있음을 몸소 삶으로써 보여 주신 당신을 따라 우리도 완덕의 길로 힘차게 전진하고 싶습니다.

모든 것에 앞서 주님을 찾는 열정과 선 그리고 진리를 따라 살겠다는 확신과 결단으로 우리 모두 행복한 순례자가 되도록 전구하여 주십시오.

2001. 10 「평화신문」

매 순간을 소중히 여기는 기록
- 앙리 프레데릭 아미엘 『아미엘의 일기』

마르쿠스 아우렐리우스, 파스칼, 에픽테투스 같은 철학자들이 남긴 불후의 명작처럼 지상 최고의 일기문학으로 톨스토이가 극찬했다는 책 『아미엘의 일기』는 나도 익히 들어 알고 있었고 책까지 구해 두었지만, 내내 미루기만 하다가 바로 며칠 전에야 찾아 읽게 되었다.

일생을 독신으로 살다 간 스위스의 프랑스계 문학가이자 철학자인 앙리 프레데릭 아미엘이 60세를 일기로 세상을 떠날 때까지 정성껏 기록한 이 일기는 그의 사후에 출판되자마자 선풍적인 인기를 끌었다고 한다.

인생, 인간, 사랑, 행복, 고독, 자연, 문학, 예술, 죽음 등 여러 주제로 분류하여 편집한 이 책을 읽고 있으면 그의 예리한 통찰과 진지한 사색의 초대에 절로 매료되지 않을 수 없다. 맘에 드는 구절에 표시를 하다 보니 모든 페이지에 다 표시를 해 두고 싶을 만큼 이 책은 내게 많은 공감과 깊은 울림을 주었으며 잔잔한 기쁨이 내 혼을 감싸 안아 내내 행복했다.

인생은 짧다. 우리의 일생을 다 바쳐도 누군가를 기쁘게 하기에는 시간이 너무도 부족하다.

우리의 내면이 기분이나 감정에 치우치지 않도록 날마다 규칙적인 정신 수양이 필요하다.

정신은 날씨와 같다. 구름이 모이면 비가 되듯 번뇌가 모이면 고통이 뒤따른다.

나는 나를 이해해 줄 것 같은 사람에게만 우정을 요구해 왔다. 지식을 소중히 여길 것 같은 사람에게만 대화를 신청했다. 그러나 그런 행동은 나의 오만에서 비롯된 것이다. 세상을 나에게 맞출 것이 아니라 내가 세상 속으로 들어가야 한다. 제삼자가 나의 마음을 이해해 주기 전에 내가 먼저 이웃의 속내를 이해해 줘야 한다. 그것이 성실이다.

선과 진리와 아름다움을 향한 갈망으로 가득 찬 그의 고백록들을 읽다 보면 나도 불현듯 일기를 쓰고 싶어진다. 일기를 '삶의 동반자' '연인' '아내' '뮤즈의 음성'으로 표현하며 일생을 일기 쓰기에 헌신한 아미엘처럼, 우리도 하루 한순간을 소중히 여기며 자신의 삶을 기록할 수 있다면 그 자체가 하나의 기도이며 고요한 예술이리라. 요즘처럼 우리의 삶이 복잡하고 산만하고 숨차게 바쁜 때일수록 우리 모두 자신의 내면으로 들어가 성실하게 일기 쓰는 습관을 들이면 좋겠다.

용서를 선택하는 큰 사랑
- 달라이 라마 『용서』

가을이 깊어 감을 알리는 바람 소리가 나는 참 좋다. 쏴아! 하고 바람이 불 적마다 노랗게 물든 잎사귀들을 한 움큼씩 떨어뜨리는 성당 앞의 느티나무가 조금은 쓸쓸해 보인다.

요즘은 여기저기서 슬픈 소식을 많이 들어서인지 꿈에도 병석에 있는 사람들, 이미 세상을 떠난 사람들을 자주 만난다. 느티나무를 바라보다 소나무 산으로 오르는 길, 우리 수녀님들의 묘비 앞에서 잠시 기도를 하노라면 그들이 병상에서 임종을 앞두고 표현하던 애절한 참회와 감사의 말, 눈물속에 용서를 청하던 그 순한 눈빛들이 생각나곤 한다. 사랑의 다른 이름인 '용서'란 얼마나 아름다운 덕목인가. 그러나 제대로 실천하려면 얼마나 큰 부담과 어려움을 감수해야 하는 숙제인가.

수십 년을 수도자로 살면서 내게 가장 고통스러웠던 순간이 있었다면 그 누구를 내가 용서하지 못했을 때와 그 누구로부터 용서받지 못했을 때라고 생각한다. 그래서 "수백 번

입으로 외는 기도보다 한 번 크게 용서하는 행동이 더 힘 있는 기도가 된다"라고 시에서도 표현한 적이 있다.

달라이 라마와 그의 오래된 벗 빅터 챈이 나눈 대화와 다양한 장소에서의 이야기들을 감동적인 필치로 서술한 책『용서』는 참으로 아름다운 용서의 지침서이다.

'용서와 마음의 평화' '가장 큰 수행은 용서' '용서하라, 그러면 행복해진다' '지혜와 자비는 새의 두 날개' 등 17장으로 구성되어 있는 이 책은 사이사이 아름답고 상징적인 사진들을 배치함으로써 본문의 이해를 돕고 독자가 잠시 쉬어 갈 수 있도록 배려하였다.

단 한번뿐인 삶의 여정에서 왜 용서만이 구원에 이르는 길이고 행복에 이르는 길인지, 왜 우리를 해롭게 하는 사람들까지도 자비심으로 포용하지 않으면 안 되는지, 달라이 라마의 구체적인 체험담을 통하여 새롭게 일러 주는 이 책을 다 읽고 나면, 자비의 등불 하나가 마음에 밝혀지는 느낌이다.

"눈을 뜬 뒤 내가 맨 먼저 생각하는 것은 사랑과 자비에 대한 가르침 그리고 만물이 서로 의존하고 연결되어 있다는 진리이다. 난 언제나 그렇게 한다. 나의 하루는 오직 그 두 가지 기준에 따라 진행된다"라거나 "여러분의 이웃을 적으로 여겨 미워하고 파괴한다면 그것은 결국 여러분 자신에 대한 미움과 파괴로 돌아온다"라고 역설하는 지혜의 스승 달라이

라마의 말에 깊이 귀 기울여 보자.

사랑보다는 미움이, 용서보다는 복수가 세상을 지배하는 것 같은 이 세상에서, 우리는 눈만 뜨면 테러에 희생된 사람들에 대한 소식을 듣고, 끊이지 않는 전쟁의 위협 속에 불안한 날들을 살고 있다. 비폭력의 사랑과 용서를 가르친 마더 데레사나 마하트마 간디 그리고 달라이 라마의 고요한 외침이 어느 때보다도 호소력 있게 들려오는 오늘이다. 신의 이름으로 전쟁을 하며 총을 겨누고, 신의 이름으로 살인을 하고도 '정의로웠다'고 자신을 정당화하며, 신은 나만의 편인 것처럼 말하는 독선이 판을 치는 이 시대. 진정 악을 이기는 선, 미움을 녹이는 사랑이 그리운 이 시대에 우리 모두 이 책의 빛에서 자극을 받아 각자의 길에서 화해와 평화의 일꾼이 되면 좋겠다.

마음의 문을 더 넓게 열고 기도의 샘을 더 맑게 파면서 날마다 새롭게 용서를 선택하는 사랑의 수행자가 되면 좋겠다.

'신이 아닌 이상 난 절대로 그를 용서할 수 없어' 하는 마음이 될 때조차 그 미움을 사랑으로 극복할 수 있는 용감한 승리자가 되는 것만이 우리의 아름다운 의무이고 책임일 것이다. 용서를 통하여 성자의 길로 나아가려는 우리의 노력은 끝이 없으리라.

"나는 무엇보다 긍정적인 사고방식을 가지고 있습니다. 물론 때로는 나도 약간 흔들릴 때가 있지요. 하지만 마음 깊은 곳에서는 누구의 탓도 하지 않고, 누구에 대해서도 나쁜 생각을 하지 않습니다. 나는 또한 나 자신보다 다른 사람들을 더 많이 생각하려고 노력합니다"라고 한 달라이 라마의 말이 마침내는 우리 자신의 고백이 될 수 있을 때까지 ….

잘 듣고 잘 말하려면
- 마셜 B. 로젠버그 『비폭력 대화』 / 토마스 츠바이펠 『듣기력』

11월의 마지막 주를 지내며 이제 한 장밖엔 안 남은 12월 달력을 보니 가늘게 한숨이 나온다.

왜 이렇게 세월은 빨리 지나가는지! 이렇게 나이를 먹고 수도연륜이 깊어 가건만 나의 생활 모습을 돌아보면 온통 부족하고 아쉬운 것투성이다. 올해는 여기저기 다니며 '맑은 마음 지니기', '고운 말 쓰기'에 대한 강의도 많이 하였지만 남에게 가르칠 만큼 나 자신 실천을 잘했는지 물으면 노력을 안 한 것은 아닌데도 잘했다는 확신이 없다. 그만큼 훌륭하고 후회 없는 '말의 학교' 학생 되기는 어려운 것 같다.

요즘 들어 사람들의 말씨는 어찌나 거칠고 난폭한지 무서울 때가 많다. 얼마 전 부산에서 서울에 갔다가 전철을 탔는데, 옆에 앉은 남자와 어떤 일로 시비가 붙은 한 여성의 입에서 나오는 말이 하도 폭력적이어서 나도 모르게 한 정거장 미리 내리고 말았다. 부드럽고 아름다운 여성의 입술에서 어쩌면 그렇게 상스러운 말이 마구 쏟아질 수 있는지 …, 그 표정은 어찌나 살기등등하며 험악하던지 ···.

우리 사회의 한 단면을 보는 것 같아 나는 그날 내내 우울한 마음이었다.

"관 속에 들어가도 막말은 마라"는 격언을 적어도 하루에 한 번 정도 기억하는 우리가 되면 좋겠다. 가정, 직장, 학교, 수도원, 교회, 국회 등에서 우리 모두가 참사랑을 실천하는 구체적인 방법의 하나는 바로 '고운 말 쓰기'라고 생각한다. 가족이나 친지들이 무심코 내뱉은 한마디의 폭언이나 독설이 평생의 상처가 되기도 하는 걸 보면 말이야말로 우리가 얼마나 조심해서 사용해야 할 무기인가.

'일상에서 쓰는 평화의 언어, 삶의 언어'라는 부제가 붙은 책 『비폭력 대화』는 언제나 자비심 가득하고 따뜻하며 열린 마음으로 일상생활의 대화를 하도록 이끌어 주며, 사랑하기 힘든 상황에서도 비폭력적 대화를 할 수 있는 구체적인 방법들을 제시해 준다. 머리글을 쓴 아룬 간디는 우리 안에 잠재한 우리의 긍정적인 면이 밖으로 나타날 수 있도록 하는 것이 비폭력이라고 일러 준다. 그래서 우리 생각을 지배하고 있는 이기심, 탐욕, 미움, 편견, 의심, 공격적인 태도 대신에 타인에 대한 사랑, 존중, 이해, 감사, 연민, 배려가 우리 마음 안에 우위를 차지하도록 해야 한다고 강조한다. 13장의 큰 주제로 구성되어 있는 이 책에서 저자는 관찰, 느낌, 욕구, 부탁 등 저자 나름대로 연구한 비폭력 대화의 네 단계에 따라 각 주제를 요약하고 구체적인 사례를 들어 대화법을 제시하며 워크숍이 가능한 몇 개의 연습문제까지 곁들여 두었다.

이 책의 내용 자체를 이해하긴 쉽지만 적용되는 사례들이 한국이 아닌 미국이라 경우에 따라서는 독자를 조금 불편하게 할 수도 있을 것 같다. 그러나 읽는 이의 상황으로 변환시켜 적용하면 큰 도움이 되리라 믿는다.

부탁을 할 때, 감사를 할 때 심지어는 자신의 분노를 표현할 때에도 어떤 기술이 필요함을 이 책은 조금 복잡하리만큼 조직적으로 설명하고 있지만, 우선은 단순하게 생각하는 것이 우리에겐 더 현명하지 않을까. 자기를 있는 그대로 받아들이는 겸손, 남을 존중하는 예의 그리고 삶에 대한 긍정적인 태도와 애정을 키워 간다면 누구나 자연스레 평화의 언어를 사용하는 평화의 도구가 될 수 있을 것이다.

"말에는 세금이 없다" "듣기 좋은 말은 아직도 무료다"라는 격언도 되새겨 보자. 우리가 조금만 노력하면 좀 더 남을 배려하고 이해하는 사랑의 말을 할 수 있을 것이다. 차갑고 냉소적이고 폭력적인 말 대신 따뜻하고 부드럽고 온유한 말씨를 가꾸어 가는 사람들이 더욱 많아져서 행복한 우리 가정, 우리나라를 꿈꾸어 본다. 미움과 분쟁으로 얼룩진 삶의 현장에서도 우리는 총알이나 폭탄이 아닌 사랑의 마음과 언어로 승리하는 nvc(비폭력 대화: non violent communication)의 일원이 되기를 기도한다(http://cnvc.org 에 들어가면 이 책과 '비폭력 대화 운동'에 대한 더 자세한 정보를 볼 수 있다).

잘 말하기 위해서는 먼저 잘 들어야 함을 알고 있지만 이 또한 한결같이 실천하기란 쉽지 않다. 인간관계의 불협화음이 잘 듣지 못하는 데서 생기는 것임을 우리는 얼마나 자주 경험하는가. 예민한 노력과 세심한 주의가 필요한 매일의 '듣기 학교'에서 나도 번번이 낙제생이 되곤 한다.

외롭다고 힘들다고 죽고 싶다고 나에게 전화로 편지로 고민을 호소해 오는 이웃들의 아픔 역시, 누군가 자신을 잘 들어주지 못한 데서 오는 경우가 참으로 많다. 무엇이나 초고속으로 치닫는 이 시대를 살면서 숨이 찬 우리, 한번에 여러 가지 일을 처리하느라 주위가 산만해진 우리, '빨리빨리' 병이 들어 차분한 여유도 인내심도 없어진 오늘의 우리는 무엇이든 건성으로 듣고, 대충 듣고, 듣고 싶은 것만 부분적으로 듣는다. 전심전력을 다해 듣는 모습은 찾아보기 어려운 지경이 되었다.

*

듣고 말하기의 80/20 법칙이라는 부제가 붙은 책 『듣기력』의 원제는 Listening First, Speaking Second(먼저 듣고 후에 말하기)로 되어 있다. 이 제목을 보는 순간 "모든 사람이 듣기는 빨리 하되, 말하기는 더디 하십시오"(야고 1,19)라는 신약성경의 한 구절이 저절로 떠올랐다.

"그동안 듣기는 눈에 띄지 않기 때문에 거의 중요한 것으로 인식되지 못해 왔다. … 듣기는 가장 기본적인 기술이면서도 우리가 어떻게 들어야 하는지를 배운 적은 거의 없다.

그러나 듣기는 그 자체의 힘만으로도 놀라운 능력을 발휘한다. 단순히 다른 사람의 말을 들어주는 것만으로도 그를 격려하고 그가 더 잘 말하도록 할 수 있다"거나 "다른 사람의 신을 신고 서고 그의 눈을 통해 세상을 본다면 그가 왜 그런 말과 행동을 하는지 볼 수 있다. 공감하기를 통해 응답을 하면 보다 빨리, 보다 근본적으로 문제를 해결할 수 있는 것이다"라는 구절에서 나는 한참을 머물렀다.
"일상의 모든 대화가 '정확하게 듣기'를 연습할 수 있는 기회이다. 가슴이나 어깨 근육처럼 듣는 근육도 훈련을 하면 할수록 발달하게 마련이다. 너무 일찍 말하려고 하지 마라. 다음 할 말을 미리 생각하지 마라. 상대가 말을 하는 동안만큼은 당신의 모든 것을 쏟아붓듯 집중하라. … 다음 할 말을 생각지 말고 지금 듣고 있는 말에 집중하라. 자신의 경험과 즉시 연결시키는 것을 피하라. 상대가 하는 말을 마음속으로 재창조하라. 상대의 숨은 의도를 귀담아들어라 …."
책 한 권을 통째로 다 외우고 싶을 정도로 듣기에 대한 좋은 말과 유의사항들이 얼마나 많이 나열되어 있는지!
전체가 6장으로 짜여 있는 이 책에서 특히 4장의 주제인 '듣기의 기술'을 사다리 형태로 서술한 일곱 가지 레벨은 유익하고 설득력 있는 공감을 불러일으킨다. 무시 단계, 척하는 단계, 컨트롤 단계, 걸러내는 단계, 존중 단계, 공감 단계, 발생 단계, 통달 단계 … 에 이르기까지 성공하려면 고통과 어려움, 오랜 시간의 연습이 따른다고 거듭 강조하고 있다.

"듣고 말하기에 목숨이 달렸다"고 역설하는 이 책의 저자 역시 스위스 컨설팅 그룹의 공동 설립자로서, 주로 경영인들을 상대로 리더십에 필요한 듣기의 중요성을 기술하고 있지만 우리의 평범한 일상생활에도 충분히 활용할 수 있다. 페이지 아래쪽에 붉은 표시로 오늘의 현실에 맞게 번안해 놓은 '생각자료'들도 찬찬히 읽으면 도움이 된다.

잘 듣고 잘 말하려면 한결같이 깨어 있는 마음의 자세가 필요하다. 이 두 가지만 잘해도 도道에 이르고, 성인이 되지 않을까.

삶의 질을 높이는 방법에 대하여 이런저런 연구가 많지만 잘 듣고 잘 말하는 연습을 제대로 하는 것이야말로 진정한 참살이well-being의 기본임을 우리 모두 이 책들을 통해 다시 한 번 배우고 느끼고 실천하는 계기가 되면 좋겠다. 서로 먼저 잘 실천해 보려고 다투어 연습하고 애쓰는 듣기 학교, 말하기 학교의 겸손하고도 충실한 수련생들이 되면 좋겠다.

"들을 때는 마음으로 가슴으로 정성껏 들으세요. 그리고 말을 할 때는 어떤 경우에라도 새롭게 사랑을 선택하세요. 폭력과는 반대되는 친절과 평화와 온유함으로!"

이것이 내가 알아들은 두 권의 책이 준 화두이고 내가 살아내야 할 무겁지만 아름다운 사랑의 의무이다.

3장
천사놀이

나는 이제 오늘이란 실을 감아 행복을 짜네

Thoughts for
Little
Flowers

첫눈 엽서

골고루 가볍게
조심조심
내리는 눈

고요하고 순결한
첫눈의 기침 소리에
온 세상이 놀라네

첫 마음 첫 설렘
잃지 말고 살라고
오늘은 사랑처럼
첫눈이 내리네

욕심을 버린 가벼움으로
행복해지라고

자유로워지라고
오늘은 기도처럼
첫눈이 내리네

새롭게 태어나는 기쁨으로
하얀 눈사람 하나
마음 안에 빚어 놓는
나의 새해 나의 새날
첫 그리움이여

내 마음의 사계절

꽃을 만나기 전
새 소리 먼저 들려오는 봄
봄이 오면 나도
삶을 새롭게 노래하는 새가 됩니다
얼음 덮인 침묵 속에 겨울을 견뎌
더욱 맑고 투명해진
나의 사랑을 안고
봄과 같은 가벼움으로
당신께 가는 이 마음
받아 주십시오

해 아래 서 있으면
단숨에 불길로 타 버릴 것 같은 여름
여름이 오면 나도 불꽃이 됩니다
슬픔과 절망 속에

잃어버린 꿈 식어 버린 열정
밖으로 불러내어 땀 흘리다 보면
삶은 곧 축복이 될 테지요?
웃음이 폭포로 쏟아지는 기쁨을 안고
여름과 같은 뜨거움으로
당신께 가는 이 마음
받아 주십시오

푸른 하늘도 살며시 내려와
바람 소리에 가슴을 여는 가을
가을이 오면 나도 바람이 되렵니다
동서남북 세상 곳곳
여기저기 달려가서
생명을 불어넣는 바람

바람에 잘 익은 기도를 안고
가을 같은 서늘함으로
당신께 가는 이 마음
받아 주십시오

춥고 힘들어도
하얀 눈을 기다리는 겨울
겨울이 오면 나도 눈꽃이 되렵니다

상처받아 어둠 속에 숨은 이들
죄를 뉘우치며 눈물로 엎드린 이들
하얗게 덮어 주는 위로의 눈꽃
순결함이 빚어낸 지혜를 안고
겨울 같은 눈부심으로
당신께 가는 이 마음
받아 주십시오

6월의 장미

'하늘은 고요하고
땅은 향기롭고
마음은 뜨겁다'

6월의 장미가
내게 말을 건네 옵니다

사소한 일로
우울할 적마다
'맑아져라'
'맑아져라'
웃음을 재촉하는 장미

삶의 길에서
가장 가까운 이들이

사랑의 이름으로
무심히 찌르는 가시를
다시 가시로 찌르지 말아야
부드러운 꽃잎을 피워 낼 수 있다고
누구를 한 번씩 용서할 적마다
싱싱한 잎사귀가 돋아난다고

6월의 넝쿨장미들이
해 아래 나를 따라오며
자꾸만 말을 건네 옵니다

사랑하는 이여
이 아름다운 장미의 계절에
내가 눈물 속에 피워 낸
기쁨 한 송이 받으시고
내내 행복하십시오

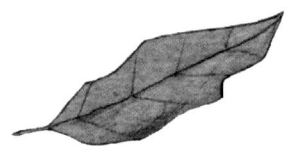

여름 일기 1

아무리 더워도
덥다고
불평하지 않기로 했습니다

차라리
땀을 많이 흘리며
내가 여름이 되기로 했습니다

일하고 사랑하고
인내하고 용서하며
해 아래 피어나는
삶의 기쁨 속에

여름을 더욱 사랑하며
내가 여름이 되기로 했습니다

여름 일기 2

떠오르는 해를 보고
멀리서도 인사하니
세상과 사람들이
더 가까이
웃으며 걸어옵니다

이왕이면
밝게 뜨겁게
살아야 한다고
어둡고 차갑고
미지근한 삶은
죄가 된다고
고요히 일러 주는 나의 해님

아아,

나의 대답은
말보다 먼저 떠오르는
감탄사일 뿐
둥근 해를 닮은
사랑일 뿐!

나의 어머니

"이럭 저럭 시간이 잘도 가네
이러다 마침내는
갈 곳으로 가는 것일 테지?"
가늘게 한숨 쉬며 내뱉는
구순의 어머님 말씀

"남에게 짐이 되는 내 모습이
왠지 싫어지려고 해
그래도 참아야겠지?"
지상에서의 이별이
얼마 안 남은
노모老母의 애틋한 혼잣말이
나를 울리네

흰구름처럼 가볍지만

나날이 초라해서 무거운
당신의 육신을
하루하루 버텨 내기 힘들어
존재 자체가 눈물이고
겸손인 나의 어머니

'목마르다'고 외치는
십자가의 예수님을
고요히 우러르는 것만이
어머니의 위로이며 기도인가
일상의 일에는 무심하시고
어느 먼 곳을 바라보시는
쓸쓸한 눈빛의 평화여

오늘은

오늘은
나에게 펼쳐진
한 권의 책

두 번 다신 오지 않을
오늘 이 시간 속의
하느님과 이웃이
자연과 사물이
내게 말을 걸어오네

시로 수필로
소설로 동화로
빛나는 새 얼굴의
첫 페이지를 열며
읽어 달라 재촉하네

때로는
내가 해독할 수 없는
사랑의 암호를
사랑으로 연구하여
풀어 읽으라 하네

아무 일 없이
편안하길 바라지만
풀 수 없는 숙제가 많아
삶은 나를 더욱
설레게 하고
고마움과 놀라움에
눈뜨게 하고

힘들어도
아름답다
살 만하다
고백하게 하네

어제와 내일 사이
오늘이란 선물에
숨어 있는 행복!

천사놀이

1
어린 시절
심심할 적마다
혼자서 거울 보며
천사놀이를 했습니다
어느 날 하얀 날개 달고
하늘로 오르는 꿈을 꾸었습니다
착한 일 한 번씩 할 적마다
수호천사가 웃으며 기뻐한다는
어머니의 가르침을 들으며
천사를 만날 날을
조용히 기다리는 동안
어른이 되었습니다

2
지상에 살고 있는 우리가

서로를 조금씩 위해 주고
용서하며 사랑하는 순간은
날개가 없어도 천사가 되는 것임을
나날이 새롭게 배웁니다
다른 이를 위로하고 웃게 만들려면
내가 더 많이 울어야 하는 것이라고
다른 이의 짐을 가볍고 자유롭게 해 주려면
내가 더 많이 구속되고
무거울 수 있는 용기를
감당하는 것이라고
내 안의 천사가 일러 줍니다
아직 그를 직접 손잡고
만난 일은 없지만
나의 천사를 믿고 사랑합니다
굳이 하늘에 오르지 않고도
천사가 되는 법을
오늘도 새롭게 배우며
나도 누군가의 천사가 되는
하늘빛 꿈을 꿉니다

나의 천사놀이는
아직도
끝나지 않아 행복합니다

꿈의 연가

기쁠 때나 슬플 때나
내겐 늘
당신이 보였습니다
보이지 않는 곳에서도
오직 당신을
행복하게 해 드리고 싶었습니다

꿈속에도 꿈을 꾸는 희망으로
신발도 신지 않고
먼 길을 걸으며 마음을 닦는 동안
나의 꿈도 이만큼
맑아지고 순해져서
흰나비가 춤추네요

꿈을 잃은 이들에게

꿈을 심고 싶은 꿈
다시 꾸어도 좋겠지요
새삼 말이 필요 없는 사랑
많이 아팠기에
더 이상 죄를 지을 수 없는 자유를
흰나비가 일러 줍니다

내 삶의 이유가 되어 준 당신께
이토록 고마운 마음
첫자리에 두는 것이
오늘도 변함없는 나의 꿈
나의 기도입니다

뜨개질 일기

처음 배운 솜씨로
손이 부르트도록
열심히 아주 열심히
뜨개질을 하네

정해진 법칙 따라
꿰어서 움직이면
원하는 모양 나오는 게
재미있고 신기해라

털실을 감는 손에
함께 감기는 기쁨으로
웃고 또 웃으면
실들도 나를 따라 웃네

잠시 딴생각하다
어긋나면
풀어야만 해결됐지
아까워도 처음부터
다시 시작해야 했지

나는 이제
오늘이란 실을 감아
행복을 짜네

빠진 코 찾아
다시 시작하듯
잘못한 말 한마디
잘못 쓴 시간 한 점
고쳐 짜는 지혜도 배우면서
열심히 기도를 짜네
행복한 무늬 가득한
시를 짜네

강원도와 함께

강원도를 생각하면
기쁨과 설렘으로 가득하다가도
왜 자꾸 눈물이 나려 할까

고향이 어디냐고 묻는 말에
"강원도예요" 하고 말하는 그 순간
이미 푸른 바다가 넘실대고
꿈꾸는 산이 보이고
감자꽃을 닮은 사람들의
순박한 목소리가 들려오네
오랜 세월 서로를 기다리다
그리움으로 타 버린 넋들을 위로하는
바람 소리도 들려오네

누구의 탓인지도 모르면서

갈라진 민족의 슬픔을
우리 대신 침묵으로 울어 주는
이끼 낀 바위들이 보이네

호수를 닮은 고요함으로
단풍을 닮은 사랑의 열정으로
눈꽃을 닮은 순결함으로
바위섬을 닮은 강인함으로
날마다 새롭게 강원도와 함께하는
강원도의 벗이 되고 애인이 되리

사계절 내내 지칠 줄 모르는
강원도의 힘은
아름다운 자연 속에 숨어 있고
시련을 이겨 낸 사람들의
인내와 용기와 겸손에 숨어 있다고
산새들이 말하는 걸 나는 들었지
시냇물이 노래하는 걸
그래그래 고개 끄덕이며 들었지

"더 늦기 전에 오세요
아름다운 강원도로
아름다움을 배우러 오세요" 외치며

하늘빛 웃음 속에
사랑하는 이웃을 불러 모으는
오늘의 행복이여
고향이 낳아 준
삶의 축복이여

수도원에서

함께 기도하고
함께 일하며
크고 작은 기쁨과 슬픔을
함께 겪어 온 우리

아침저녁
수도원에서
한솥밥을 먹는 세월 동안
어느새 조금씩 닮아 있는 우리

처음엔 서먹하고 낯설었던 수도원이
정든 집이 되었음을 체험하며
다른 곳엘 가면 적응이 잘 안 되노라고
가끔은 빙그레 웃어 보는 우리

때로는 잠을 자면서도
성당의 종소리를 듣고
홀로 여행을 가서도
함께 외우는 성무일도 소리를
'환청'으로 들을 만큼
함께하는 삶에 익숙해진 우리

가장 완전한 이상을 품고
설레며 달려온 수도 여정에서
자신의 못난 모습에 실망도 많이 하고
다른 이들의 결점과 실수를 감당 못해
아프고 무거운 짐을 지기도 하지요

그러나 하찮은 일에서도
함께 사는 기쁨을 발견하고
배려하는 애덕을 잊지 않으며
매일 새롭게 서원의 촛불을 밝히는
은총의 동반자들임을 압니다
수도형제들이야말로 진심으로 섬겨야 할
그리운 님들임을 연륜이 깊을수록
우리는 더 깊이 알아듣게 됩니다

각자 맡은 일들을 성실히 함으로써

조용히 이루어 낸 지혜의 열매로
서로를 채워 주는 풍요로움

누가 알아주지 않아도
평상심平常心을 갈고 닦으며
'홀로' 그리고 '함께' 행복한 곳

"그리스도보다
아무것도 더 낫게 여기지 마라"•는
성 베네딕도의 가르침 따라
순결한 믿음을 키워 가는 은총이여

"서로 존경하기를 먼저 하고
육체나 품행상의 약점들을
지극한 인내로 참아 견디는"• 용기로
오늘도 꾸준히 길을 가는 순례자
멀리 있어도 서로의 거울이 되어 주는
성 베네딕도 가족들이여

자꾸만 이런저런 일들로
불평하고 싶을 땐 하늘을 처다볼까요?
함께 사는 이가 문득 싫어질 땐
예수의 피 묻은 이름을 부르며

'내 탓이오'라고 가슴을 칠까요?

주님의 학원에 부름받은 행복을
더욱 아름다운 보석으로 갈고 닦아
이웃과 그 빛을
골고루 나누어야 합니다, 우리는
지금껏 받은 은혜를 거듭거듭 감사하고
놀라워하길 멈추지 않는 맑고 푸른 노래
힘찬 목소리로 깨어 있어야 합니다, 우리는 ―

● 성규 72장에서

4장
감사의 기쁨 | 송년 기도시 |

감사라는 말만 들어도 마음엔 해가 뜨고 얼굴엔 웃음꽃이 피어납니다

Thoughts for
Little
Flowers

평화로 가는 길은

이 둥근 세계에
평화를 주십사고 기도하지만
가시에 찔려 피나는 아픔은
날로 더해 갑니다
평화로 가는 길은 왜 이리 먼가요
얼마나 더 어둡게 부서져야
한 줄기 빛을 볼 수 있는 건가요
멀고도 가까운 나의 이웃에게
가깝고도 먼 내 안의 나에게
맑고 깊고 넓은 평화가 흘러
마침내 하나로 만나기를
간절히 기도하며 울겠습니다
얼마나 더 낮아지고 선해져야
평화의 열매 하나 얻을지
오늘은 꼭 일러 주시면 합니다

우리나라를 생각하면

내가 태어나 숨을 쉬는 땅
겨레와 가족이 있는 땅
부르면 정답게 어머니로 대답하는
나의 나라 우리나라를 생각하면
마냥 설레고 기쁘지 않은가요
말 없는 겨울산을 보며
우리도 고요해지기로 해요
봄을 감추고 흐르는 강을 보며
기다림의 따뜻함을 배우기로 해요
좀처럼 나라를 위해 기도하지 않고
습관처럼 나무라기만 한 죄를
산과 강이 내게 묻고 있네요
부끄러워 얼굴을 가리며 고백하렵니다
나라가 있어 진정 고마운 마음
하루에 한 번씩 새롭히겠다고
부끄럽지 않게 사랑하겠다고

가족을 생각하면

가족이 그립고
집이 그리운 계절입니다
집이 있어도 가족은 없는 쓸쓸함
가까운 사람들이 만든 외로움의 추위를
사랑으로 녹여야 할 계절입니다
놀러 오라 초대해 놓고도
막상 전화하면
집에 없는 사람들이 많아 슬퍼요
뭐에 그리 바쁜지 어디로 나갔는지
대답 좀 해보실래요
함께 웃고 함께 밥 먹는 기쁨으로
평범하지만 가장 아름다운
삶의 주인공이 되세요
눈 내리는 12월엔
손님이 머물 빈 방도 하나 준비하며
행복한 가족으로 다시 태어나세요

좋은 이웃 되기

"하느님을 찾았으나 뵈올 길 없고
영혼을 찾았으나 만날 길 없어
형제를 찾았더니 셋 다 만났네"
라는 말이 적힌 쪽지를
벗에게 전해 받고 생각에 잠깁니다
나보다 더 어려운 처지의 이웃을
사랑으로 찾아 나서면
길이 열리리라 믿고 희망하면서

어려운 이웃 찾아 멀리 갈 수 없으면
매일 만나는 이들에게라도
말과 행동으로 정성껏 인내하는
작은 사랑부터 실천해야 합니다
그래야 누군가에게 좋은 이웃으로
다가설 수 있을 테니까요
진정한 선물이 될 수 있을 테니까요

용서하기

용서해야만 평화를 얻고
행복이 오는 걸 알고 있지만
이 일이 어려워 헤매는 날들입니다
지난 일 년 동안
무관심으로 일관한 시간들
무감동으로 대했던 만남들
무자비했던 언어들
무절제했던 욕심들
하나하나 돌아보며
용서를 청합니다
진정 용서받고 용서해야만
서로가 웃게 되는 삶의 길에서
나도 이제 당신을 용서하겠습니다
따지지 않고 남겨 두지 않고
일단 용서부터 하는 법을
산타에게 배우는 산타가 되겠습니다

성탄의 기쁨

조그만 아기 예수가
세상 속으로 들어오는
성탄의 기쁨은 우리의 기쁨
그분의 생일은 우리의 생일입니다
아기의 모습으로
다시 겸손하라고
다시 사랑하라고
천사들이 노래하며
삶의 무게에 지친
우리의 어깨 위에
날개 하나 달아 줍니다
이제는 우리의 이름을
기쁨으로 바꾸라면서
희망으로 바꾸라면서
노엘 노엘 노엘

친구를 위하여

올 한 해도
친구가 제 곁에 있어
행복했습니다
잘 있지? 별일 없지?
평범하지만 진심 어린
안부를 물어 오는 오래된 친구
그의 웃음과 눈물 속에
늘 함께 있음을 고마워합니다
사랑한다 말하지 않아도
사랑보다 깊은 신뢰로
침묵 속에 잘 익어
감칠맛 나는 향기
그의 우정은 기도입니다
그의 목소리는 음악입니다
친구의 건강을 지켜 주십시오
친구의 가족들을 축복해 주십시오

아픈 이들을 위하여

몸 마음이 아파서
외롭고 우울한 이들 위해
오늘은 무릎 꿇고 기도합니다
고통을 더는 일에
필요한 힘과 도움 되지 못하는
미안함, 부끄러움
면목 없음, 안타까움
그대로 안고 기도합니다
정작 위로가 필요할 땐 곁에 없고
문병을 가서는 헛말만 많이 해
서운할 적도 많았지요?
'자비를 베푸소서!' 외우는데
눈물이 앞을 가리네요
이 가난하지만 맑은 눈물
작은 위로의 기도로 받아 주시면
제게도 작은 위로가 되겠습니다

눈사람 부모님

날마다 자식들이 보고 싶어
한숨 쉬는 어머니
그리움을 표현 못해
헛기침만 하는 아버지
이 땅의 아버지 어머니들은
하얀 눈사람으로 서 계시네요
아무 조건 없이 지순한 사랑
때로 자식들에게 상처 입어도
괜찮다 괜찮다
오히려 감싸안으며
하늘을 보시네요
우리의 첫사랑인 어머니
마지막 사랑인 아버지
늘 핑계 많고 비겁하고
잘못 많은 우리지만
녹지 않는 사랑의 눈사람으로
오래오래 우리 곁에 계셔 주세요!

어린이에게

잃었던 동심 그리워
어린이를 만납니다
맑은 눈
정직한 마음 찾고 싶어
갓 태어난 아기를 안아 봅니다
알아듣지도 못하는 아기에게
혼잣말의 기도로 부탁합니다
다시 시작하게 해 다오
다시 노래하게 해 다오
거짓 진실
거짓 평화
거짓 사랑은
처음부터 이 땅에
발을 붙이지 못하게 해 다오
어른도 어린이처럼
꿈을 많이 꾸어 행복한 나라에서
너처럼 웃으며 살게 해 다오

감사의 기쁨

감사라는 말만 들어도
마음엔 해가 뜨고
얼굴엔 웃음꽃이 피어납니다
하루 내내 한 달 내내
그리고 일 년 내내
감사하며 살았지만
아직도 감사는 끝나지 않은
기도의 시작일 뿐입니다
받은 은혜 받은 사랑
잊지 않고 살도록 도와주십시오
베푼 관심 베푼 사랑도
돌아보면 이기심투성이라
부끄러울 때가 많습니다
다시 오는 새해에는
더 많이 감사해서 후회 없기를
간절히 기도합니다, 또한
감사의 기쁨을 감사드립니다

2005. 12 「중앙일보」

5장
아름다움을 들고 오셔요

한마음으로 사랑합니다. 맑고 향기로운 사랑이 되신 여러분 모두를…

Thoughts for
Little
Flowers

마더 데레사께

사랑이 너무 많아
쉴 틈 없이 고달팠지만
누구보다 행복했던 마더 데레사
지금은 하늘에서 별이 되어
새롭게 빛나시는 마더 데레사

메마른 세상 곳곳
사랑의 샘을 만들고
인종과 이념의 벽을 넘어
평화의 어머니가 되신 마더 데레사

당신의 한 생애는
고통 받고 가난한 사람을 위해
고통을 두려워 않던 풍요로운 땅

굽이치는 강
불을 뿜는 화산이었습니다

모든 어둠과 미움을 몰아내며
평화의 빛을 뿜어내는 삶이 되라
오늘도 우리를 부르시는
카랑카랑한 목소리가 들려옵니다
우리가 하는 사랑의 일들은
곧 평화를 위한 일들이라 하신
그 밝고 힘찬 음성이 들려옵니다

우리도 당신처럼
세상과 이웃을 위한
평화의 천사가 되도록
늘 함께하여 주십시오
기도하여 주십시오

이미 세상을 떠나셨지만
오늘도 푸른 하늘로 열리는
푸른 어머니 마더 데레사
당신을 사랑합니다
당신을 닮겠습니다

사계절의 추기경님께
- 사제 수품 50주년을 축하드리며

투명한 유리창으로 쏟아지는 햇살
차디찬 어둠을 녹이는 봄 햇살의 밝음과
자연스런 포근함으로 우리에게
언제나 웃음과 사랑을 가르치신
김수환 스테파노 추기경님
당신은 봄을 닮은 농부이십니다
봄의 농부가 되어
지혜의 밭에 부지런히 말씀을 뿌리시고
길 가던 나그네를 오게 하여
정다운 벗으로 섬기는 주님의 농부이십니다

출렁이는 파도와 함께
넓고 푸른 가슴으로 열려 있는 바다
하느님을 닮은 바다의 넉넉함으로
세상을 사랑하고 사람들을 사랑하는

당신은 여름을 닮은 사제이십니다

여름의 열정으로 땀 흘리며
일상의 희로애락을
모두 거룩한 미사로 봉헌하는
기도의 사제이십니다
온 산에 붉은 단풍이 들고
강물이 마음을 적시는 가을
고요한 깊이와 평화로
한결같은 중용의 덕을 실천하시는
당신은 가을을 닮은 구도자이십니다
해 질 녘의 들길을 거닐며 생각에 잠긴 시인
진리를 탐구하는 철학자이십니다
싸리꽃 울타리에 저녁 연기 피어오르는
고향집에서 떠난 자식을 기다리며
문을 열고 뛰어나갈 준비가 되어 있는
자비로운 아버지이십니다
찬바람에 떨고 있는 이들에게
먼저 다가가 손잡아 주시는 위로자
상처받은 죄인과 함께 눈물 흘리며
괴로워하고 용서하는 치유자이십니다

바람이 숨차게 언덕을 달려오고

산에 덮인 흰 눈이 침묵으로 눈부신 겨울
겨울에 숨어 있는 봄을 이야기하며
인내와 절제의 삶을 몸소 보여 주신 분
때로는 불의에 맞서 날카로운 화살을 쏘는
당신은 겨울을 닮은 예언자이십니다

어둠이 덮치는 세상을 근심하며
오늘도 편히 잠들지 못하고
구석구석 등불을 밝히시는
겨울의 고독한 예언자이십니다

모든 종파를 초월하여
널리 존경받고 사랑받으시는
만인의 연인, 시대의 별, 우리의 아버지
당신이 계시기에
우리는 행복합니다
당신이 계시기에
우리는 자랑스럽습니다

사계절 내내 우리를 부르시는
하느님의 사랑 안에서
사계절 내내 행복하시고 건강하시길
어머니신 교회와 더불어 기도합니다

'너희와 모든 이를 위하여'라는
추기경님의 하늘빛 지표를
우리의 가슴에도 깃발로 꽂고
나라와 교회와, 이웃과 가족을
전심으로 사랑하며 깨어 있겠습니다
그리스도의 사랑 안에 승리하는
기쁨과 평화를 날마다 새롭게 가꾸어
당신께 선물로 드리겠습니다

봄 여름 가을 겨울의 하느님
찬미와 영광을 드립니다!
봄 여름 가을 겨울의 추기경님
사랑과 감사를 드립니다!

2001. 9

아름다움을 들고 오셔요

아름다움을 향한 그리움으로
아름다운 삶을 살고 싶은 사람들이
아름다운 마음 모아
'아름다운 가게'를 여는 날
산에 들에 우리 마음에
연둣빛 새봄이 웃으며 일어서네요
이 가게에 아름다움을 들고 오셔요
이 가게에서 아름다움을 사 가셔요
나눔이 모여 기쁨을 만들고
기쁨이 모여 행복을 만드는
이 사랑의 자리 꽃자리에서
낯선 이도 반갑게 인사 건네며
서로가 서로에게
선물이 될 준비를 하는 오늘

작은 정성이 이루어 내는 큰 사랑을

감사합니다, 새롭게
작은 도움이 이어 주는 인연을
감사합니다, 따뜻하게
내가 쓰고 남은 것
내게 필요 없는 것을 나누는
궁색한 마음이 아니라
내가 쓸 수 있고 내게 필요하지만
기꺼이 내놓는 너그러운 마음 있어
우리는 행복합니다
꾸준히 선한 일을 하고서도
'마땅히 해야 할 일을 했을 뿐!'이라며
겸손하게 숨으려는 이들의 향기가 있어
우리는 행복합니다

나누고 나누어도
나눌 것이 남는 자비의 마음
퍼내고 퍼내어도
퍼낼 것이 남는
사랑의 마음 더 많이 모아
이 세상을 커다란 보물섬으로 만들어요, 우리
언제 어디서나 이웃을 섬기며
행복하게 움직이는 '선물의 집'
사계절 내내 웃음으로 문을 여는
'아름다운 가게'가 되어요, 우리 ―

2006. 2 「아름다운 가게」 진주점 개점

평화를 위한 기도

오늘도 저희를 평화의 길로 부르시는
평화의 주님
새로이 솟아오르는 밝고 둥근 태양을
하늘에서 마음까지 들여놓고 평화를 기원하며
새 천년의 시작을 기뻐했던 새날 새해였습니다

새 천년의 첫해를 마무리하기도 전에
이렇듯 상처받은 가슴으로 눈물 흘리는 저희를 굽어보소서
아니 너무도 놀라 우는 법조차 잃어버린
안타깝고 무력한 여기 저희들을 가엾이 여기소서

날마다 가까이 보이는 것은 폭력과 파괴의 손길
복수와 증오심에 불타는 눈빛들
들리는 것은 전쟁으로 죽어 가는 이들의 신음과
굶주림으로 비탄에 잠긴 한숨 소리들

기도를 하면서도 기도가 되지 않는
저희의 착잡한 날들입니다
세계에 평화가 없으므로
저희 마음도 평화를 잃었습니다
"세상을 정복하기 위해 필요한 것은
폭탄이나 총이 아니라 사랑과 자비심뿐"이라는
마더 데레사의 목소리를 다시 기억합니다
"폭력이 성취하는 듯 보이는 선은 오직 외적인 선일 뿐
폭력이 가져오는 해로움은 영원하다"는
마하트마 간디의 말을 함께 기억해 봅니다

진정 빛이 어둠을 이긴다고 하셨지요
원수까지도 사랑하는 용서만이
가장 힘 있는 승리임을 몸소 가르치시며
모든 이에게 평화가 되신 그리스도 당신만이
저희의 변함없는 위로이십니다

십자가 위에서 고통 받으시는 당신의 목마름에 동참하며
겸손히 회개하는 마음으로 당신께 청하고 싶습니다

전쟁은 다시 전쟁을 낳고
폭력은 다시 폭력을 낳듯이
사랑은 다시 사랑을 낳고

용서는 다시 용서를 낳아 평화로 이어지는
다리가 됨을 이 세상 모든 이가
다시 알아듣고 다시 실천하게 하소서
미움의 칼을 내려놓고
복수의 총을 내려놓고
진정 하늘을 두려워할 줄 알게 하소서

오늘도 저희를 평화의 길로 부르시는
평화의 주님

오직 평화만이
온 인류가 하나로 손잡고 들어가는
생명의 문화임을 기억하면서
저희 모두 가정에, 나라에, 그리고 전 세계에
각자의 자리에서 열심히 평화를 심는
평화의 도구 되게 하소서
아멘

성모님께 드리는 기도 | 성모 성월 |

당신의 이름을 부르는 순간
우리 마음에도 5월의 풀물이 듭니다
당신의 이름을 부르는 순간
감사와 찬미의 노래를 담은
작은 시냇물이 흐릅니다

온전한 믿음으로
우리의 구원이 되신 분
온전한 겸손으로
우리의 길이 되신 분
온전한 사랑으로
우리의 집이 되신 분

어머니, 당신을 생각하면
하느님께서 우리에게 이루신 일이

더욱 크고 눈부신 아름다움으로 살아와
몸 둘 바를 모릅니다
어머니, 당신을 생각하면
우리의 숨은 죄와 잘못
약점과 실수들이
더 큰 부끄러움으로 살아와
몸 둘 바를 모릅니다

존재 자체로
사랑의 놀라움이며
하느님의 두려움이며
텅 빈 충만이신 어머니
우리가 날마다 어떻게 주님을 만나야 할지
날마다 어떻게 이웃을 만나야 할지
어머니의 서늘한 지혜로 가르쳐 주십시오
전쟁과 분열이 끊이지 않는 세상에서
평화를 잃어버린 우리가
어떻게 다시 평화를 이루어 내야 할지
어머니의 음성으로 일러 주십시오

선과 진리를 향한 발걸음이 흔들리고
때로는 자포자기하며 어둠 속에 빠져 드는
우리를 가엾이 여겨 주십시오

우리의 힘으로 감당할 수 없는
삶의 아픔과 고통 속에 눈물 흘리면서도
오직 그리스도의 모습만 바라보는
신앙의 눈길을 지니게 하여 주십시오

어머니를 닮고 싶은 사람들이
어머니를 향한 그리움의 향기 모아
오늘은 꽃을 바칩니다
참회의 눈물과 감사의 기쁨을 모아
오늘은 촛불을 바칩니다

말로는 다 할 수 없는 우리의 그리움이
5월의 미풍 속에 노래로 스치는 오늘 밤
자주 교만으로 넘어지는 우리를
겸손으로 붙들어 주시는 어머니께
새롭게 청합니다

이제 우리도 어머니와 함께
모든 것 위에 하느님을 섬기는
꽃보다 아름다운 기도이게 하소서
이제 우리도 어머니와 함께
세상의 모든 사람을 사랑하는
촛불보다 뜨거운 기도이게 하소서
아멘

2004. 5 성모의 밤

당신만이 빛이시오니 | 성탄 1 |

세상은 불안하고
마음은 답답하고
어둠은 길었습니다

가장 아름답고 순결한
기다림의 완성이며
그리움의 시작이신 구세주 예수님
어서 오십시오

저희 각자의 마음에
눈부신 태양으로 떠오르시어
스스로의 힘만으로는 감당할 수 없는
가엾은 한 생애를
끝까지 빛으로 밝혀 주십시오

이제 당신이 가시는 길에
저희도 동행하게 해 주십시오

선과 진리의 길에서도
원하는 것이 너무 많지만
원하는 만큼 노력하지 않은
무관심의 잘못을 용서해 주십시오
부끄러운 죄가 하도 많아
숨고 싶은 비겁함과 울 수도 없는 나약함을
그대로 지닌 채로 다시 태어나고 싶습니다

사랑에 대해 수없이 말했으나
진정 사랑할 줄 모르는 저희에게
참사랑을 가르치러 이 땅에 오신 주님
저희도 당신처럼 마음을 하늘에 두고
땅에 뿌리내리는 사랑을 하게 하소서

평화 없는 세상이라 외치면서도
정작 평화를 위해 투신하는
열정이 부족한 저희에게
참평화를 가르치러 오신 주님
저희도 당신처럼 존재 자체로
일상의 삶에서 평화를 증거하게 하소서

언제나 미움에 빠르고
용서에 더딘 저희에게
겸손을 가르치러 오신 주님
저희도 당신처럼
낮아지고 작아지는 용기로
단순하고 신뢰 깊은 어린이가 되게 하소서
슬픔과 불신에 익숙하고
기쁨과 감사에 더딘 저희가
당신처럼 감사로 이어지는
참기쁨을 키워 가게 하소서

수없이 결심하고 결심하지만
자신을 포기하는 겸손이 힘들고
모든 것을 포기하는 가난이
아직은 두렵기만 합니다
모든 이를 조건 없이 사랑하고
진심으로 용서하는 것이
불가능하게 여겨질 적이 많습니다
세상엔 더 이상 희망이 없다고 푸념하며
밤낮으로 헤맬 적도 많습니다

이러한 저희를 내치지 않으시고
넓은 사랑으로 받아 주시는 구세주 예수님

그 끝없는 자비의 빛이 오늘 밤
저희를 설레게 합니다
행복의 큰 별 하나 떠오르게 합니다
다시 살아갈 힘을 당신께 배우는 오늘은
구원의 축제이며 인류의 생일입니다
잊을 수 없는 사랑의 날입니다

임마누엘, 구원의 태양이시여
임마누엘, 희망의 별이시여
임마누엘, 평화의 아기시여
찬미 영광 받으소서

이제 어둠이 물러선 자리에
오직 당신만이 빛이시기에 저희도
어둠을 떨치고 일어서게 하소서
오직 당신만이 빛이시기에 저희도
고요히 작은 빛으로 일어나
힘차게 승리하게 하소서
아멘

2003. 성탄

당신께서 오신 세상 속으로 | 성탄 2 |

닿을 수 없는 하늘과 땅을
하나로 잇는 사랑이 되어 오신
하느님 아기시여
당신을 맞이하는 우리 마음이
올해는 더욱 고마움으로 설렙니다
당신의 이름을 부르는 우리 목소리도
올해는 더욱 반가움으로 떨려 옵니다
오직 당신으로 인해
잃었던 웃음을 찾고
잃었던 희망을 찾는 우리
'진리 안의 평화'를 외치시는 교황님과 함께
나라가 걱정스러워 눈물 흘리시는
추기경님과 함께
진리를 갈망하는
이 땅의 수많은 사람들과 함께

올해는 더욱 간절히 당신을 기다렸습니다
진정 당신이 오셨기에
우리의 삶은 다시 빛을 발하고
진정 당신이 오셨기에
감사의 기도가
꽃보다 아름다운 촛불로 타오릅니다

아직도 미움과 분열이 끊이지 않는 세상 속으로
사람들이 돌보지 않아 훼손된 자연 속으로
지나친 이기심으로 조화가 깨진 세상 속으로
가장 가까운 가족들로부터 외면당하는 이들의
깊디깊은 외로움 속으로
병들고 가난한 이들의 아픔 속으로
폭설에 갇힌 이웃의 막막한 슬픔 속으로
마음 붙일 곳 없어 방황하는 영혼들 속으로
기도할 줄 몰라 불안해하는 우리의 마음속으로
이제 당신께서 구세주로 오셨습니다

거짓 진실, 거짓 평화, 거짓 사랑이 지배하는 오늘이 슬퍼
우리보다 더 많이 울고 계신 당신께
우리는 몸 둘 바를 모르고 고개를 숙입니다
우리가 어떻게 하면 당신을 닮은
아름다운 사랑을 할 수 있을까요

우리가 어떻게 하면 아주 작은 빛 한 점 되어
이 세상을 밝힐 수 있을까요

당신의 부드러움
당신의 따뜻함
당신의 순결함으로
꽁꽁 얼어붙은 이 추위를 녹여 주십시오
우리의 모든 날들이
평범한 것에서도
기적을 발견하는 놀라움으로
세상과 이웃을 향해 뛰어가는
한 편의 노래이게 하소서
감사밖엔 지닌 게 없는
가난한 부자이게 하소서
'말씀을 듣고 기도하고 실행하려는'
저희 수도공동체의 가족들이
성모 어머님을 닮은 사람으로
서로 돕고 순명하는 가운데
겸손의 튼튼한 집을 짓게 하소서
구원의 첫 역사가 이루어지는 오늘 밤
감당할 수 없는 큰 사랑을 받는 놀라움으로
너무 기쁘고 행복한 밤
우리는 다시

진리의 먼 길 떠나는 삼왕입니다
당신을 경배하는 목동입니다
힘차게 노래하는 천사입니다
먼 데까지 이웃을 비추는 별들입니다

멈출 수 없는 노래로
우리가 새롭게 선택하는 영원한 사랑이시여
그 무엇과도 그 누구와도 바꿀 수 없는
신비한 그리움, 하느님 아기시여

사랑합니다!
감사합니다!

2005. 성탄
광안리 본원 구유 예절에서

신리 성지*에서

아픔 없이는 님들을 기억할 수 없는
이곳 신리 성지에 오면
들판에 부는 바람조차
님들의 목쉰 소리로 우리를 부릅니다
복음을 증거하다 목숨 바친 순교 성인들과 동료 순교자들
이름 없이 잊혀지며 죽어 간 순교자들께
우리는 부끄러워 얼굴을 붉힙니다
그 한결같은 신앙의 삶 닮지 못한 부끄러움
이토록 아름답고 유서 깊은 성지를
더 소중하게 가꾸고 지키지 못한 부끄러움
뉘우침의 기도로 봉헌하며 우리 마음 안에 먼저
기도의 기념비 하나 세우며 촛불을 밝힙니다

눈물 없이는 님들을 기억할 수 없는
이곳 신리 성지에 오면

매번 '지금이 마지막일지도 모른다'는 초조함 속에
목자들과 교우들이 미사 중에 주고받던
그 애절한 신뢰의 눈빛이 보이고
훗날 한국교회의 보물이 될 사료정리를 위해
밤낮으로 노심초사 땀 흘리던
다블뤼 안 주교님의 글씨 쓰는 손길도 보입니다
언제 잡혀갈지 몰라 살아서도 이미 죽음을 체험하는 이들의
안타까운 한숨 소리도 들려오고
박해의 칼 아래 무참히 스러졌기에
죽어서도 목 없는 시신으로 발견된
무명 순교자들의 마지막 신음 소리도 들려옵니다

지은 죄도 없이 어둠 속에 숨어 살았던
님들의 고통과 눈물이 있었기에
우리는 이렇게 밝음 속에 웃고 지냅니다
피 흘려 신앙을 증거한 님들의 죽음이 있었기에
우리는 이렇게 자유 속에 편히 살고 있습니다
그 은혜 충분히 감사하지 못하고 건성으로 살아온 날들
용서하여 주십시오

이제 우리는 님들처럼 끝까지 신앙을 증거하는
한 줄기 바람으로 뜨겁게 힘차게 일어서겠습니다
이제 우리는 빈 들판을 가득 채우는 겸손의 흙이 되어

이 땅에 복음을 심고 가꾸고 퍼뜨리는 순교자의 후예
순교 정신으로 매일을 사는 사랑의 사도가 되겠습니다
부디 부끄럼 없고 두려움 없는 님들의 후예가 될 수 있도록
삼위일체의 하느님께 간구하여 주옵소서
오직 사랑으로 피 흘리며 우리를 구원한 님들
오늘도 우리를 사랑으로 재촉하고 부르시는
거룩한 님들이여!

● 충청남도 당진군 합덕읍 신리 151에 위치해 있으며, 조선교구 5대 교구장 다블뤼 주교를 비롯한 많은 순교자를 배출한 곳이다. 다블뤼 주교가 이곳에서 집필한 '비망기'는 순교자들의 전기와 교회사의 바탕이 되었다.

부처님 오신 날

부처님
당신께서 오신 이날
세상은 어찌 이리
아름다운 잔칫집인지요!

당신의 자비 안에
낯선 사람 미운 사람 하나도 없고
모두가 친구이고 가족입니다
모두가 도반이고 애인입니다

세상이란 둥근 연못 위에
한 송이 연꽃으로 피고 싶은 사람들이
연꽃을 닮은 꽃등을
거리마다 집집마다 달고 있네요

절망을 넘어서는 희망
미움을 녹이는 용서
분열을 메우는 평화만이
온 누리에 온 마음에 가득하게 해 달라고
두 손을 활짝 펼쳐 등을 달고 있네요
그 따뜻하고 진실한 염원의 불빛들이 모여
세상을 환히 밝혀 줍니다
이웃을 행복하게 해 줍니다

때로는 힘겨워 눈물 흘리면서도
각자가 최선을 다하는 삶의 자리에서
부처님을 닮게 해 달라고
성불하게 해 달라고
정결하게 합장하며
향을 피워 올리는 이들의
어진 눈길을 사랑합니다
맑은 음성을 사랑합니다

부처님
당신께서 오신 이날
세상은 어찌 이리 겸손한 도량인지요!

산처럼 깊고 바다처럼 넓은

당신의 자비 안에서
사람들은 서로 먼저
감사하다고 두 손 모으네요
서로 먼저 잘못했다 용서 청하며
밝게 웃을 준비가 되어 있네요

진정 사랑으로 거듭나면
정토가 되는 이 세상
오늘은 당신 친히
가장 큰 연꽃으로 피어나
그윽하고 황홀한 향기로
온 세상을 덮어 주십시오

웃음을 잃은 어둔 세상에
거룩하고 환한 웃음으로 오시어
우리를 기쁨으로 놀라게 해 주십시오
부처님 오신 날은 또한 우리의 생일
평범한 일상에서 충만한 법열을 맛보는
날마다 새날
날마다 좋은 날
청정한 마음으로 가꾸어
청정한 삶 이루어 가게 해 주십시오

2005. 부처님 오신 날 「불교신문」

맑고 향기롭게

세상에 살면서도
산사山寺의 시냇물처럼
고요하게 물이 되어 흐르는
맑은 사람들

만나는 이들의 가슴에
둥근 연꽃 한 송이로 피어나는
향기로운 사람들

마음을
자연을
세상을
맑고 향기롭게 가꾸어 가는
아름다운 모임이 여기 있네요

외로운 어르신
불편한 장애우
어려운 청소년
훼손된 산과 숲

누구든지 어디든지
도움이 필요한 곳이면
부처님의 미소를 안고 달려가
살길을 열어 주는
따뜻한 모임이 여기 있네요

늘 바쁘다는 핑계로
머뭇거리는 우리를 대신해서
꾸준히 실천해 온
소박한 사랑
나눔의 지혜
깊이 감사드려요

그 푸른 정성은
인내의 세월 속에
큰 나무가 되겠지요?

더불어 사는 법을
함께하는 사랑을
우리도
날마다 새롭게 배울 거예요

이제
자비의 등불 받쳐 들고
더 멀리 가십시오
더 넓게 보십시오

그래요
한마음으로 사랑합니다
맑고 향기로운
사랑이 되신
여러분 모두를 —

2003. 10

6장
슬픈 편지 | 추모시 |

이제는 부디 하늘나라에서 오래오래 행복하십시오

Thoughts for
Little
Flowers

흐르는 눈물조차 행복한 기도가 되게
- 교황 요한 바오로 2세께

임종하시기 직전 곁에서
"카롤 보이티와!" 하고 당신을 불렀을 때
끝내 대답 못하시고
침묵 속에 먼 길을 떠나셨다지요

전 세계를 끌어안고
세상 사람들 모두를 가장 가까운 벗으로
가족으로 사랑하신 분
화해와 용서를 몸소 실천하시며
이 세상 끝까지 복음을 전하셨던
평화의 순례자, 자비의 사도
요한 바오로 2세 교황님

당신의 부음을 들은 4월 3일 아침
당신께서 땅에 입맞추셨던

한국 땅, 봄이 익어 가는 이 땅에서
천지를 물들이는 꽃들의 고운 빛깔은
추모의 향기로 흩어지고
산새, 들새들의 노랫소리는
추모의 레퀴엠이 되어 퍼져 가네요

당신께서 위독하시다는 말씀 듣고
우리 모두 마지막 이별을 준비했지만
막상 그 시간이 오니
눈물이 앞을 가립니다
이제는 다시 그 음성 들을 수 없고
그 웃음 볼 수 없다 생각하니
우리는 당장 당신이 보고 싶고
당신이 새삼 그립습니다

숨이 멎는 고통 속에도 필담으로
"나는 행복합니다. 여러분도 행복하세요"라는
밝고 긍정적인 메시지를 남기신
우리의 큰 스승, 자애로운 아버지께
더 이상 무슨 말이 필요하겠습니까
더 이상 무슨 말로 당신을 애도하겠습니까

당신이 떠나신 지금

당신의 그 아름다운 유언처럼
우리도 행복하게 살겠다는 다짐을
아름다운 기도로 봉헌하렵니다
그래서 흐르는 눈물조차
행복한 기도가 되게 하렵니다

죄보다 큰 사랑과 용서로
이 시대에 꺼지지 않는 등불이 되셨던 분
길이신 예수님 따라
우리도 길이 돼야 한다고
거듭거듭 강조하신 당신을 생각하고 기리며
우리도 각자의 삶에서 선을 이끄는
길이 되겠다고 두 손 모읍니다

사랑하는 사람들과 함께했던
지상에서의 모든 시간들
진리의 전달자로 힘들고 고달팠던
그 순간들까지도
아름다운 추억으로 간직하시고
이제는 부디 하늘나라에서
오래오래 행복하십시오
당신을 보내고 슬퍼하는 백성들에게
'행복해라, 행복해라' 웃으며
오늘도 정겹게 손 흔들어 주십시오

2005. 4. 3

행복 선언
― 교황 요한 바오로 2세께

죽음의 순간에도
"나는 행복합니다. 여러분도 행복하세요"라고
서슴없이 말할 수 있는
당신의 그 마지막 고백이
하나의 노래처럼
그리운 기도처럼
지상에 남은 우리를 울립니다

지구라는 별에
우리가 아직 이렇게 살아 있다는 것이
당신의 행복 선언으로
새삼 행복해서 하늘을 올려다봅니다

삶의 마지막 순간에 흔히 고백하는
'사랑한다' '고맙다'는 말보다

더 신선한 충격으로
아름다운 여운으로
가슴을 적셔 오는 그 말씀

행복하지 않아서가 아닌데도
'행복하다'는 표현에 인색했던 이들에게
일상의 밭에 묻힌 조그만 행복 찾기를
주저했던 이들에게
당신의 행복 유언은 빛나는 선물입니다

세상에 살아 있는 동안
서로에게 복을 빌어 주며
우리도 행복하게 살겠습니다
어느 날 세상을 하직할 때
우리도 당신처럼
"나는 행복합니다. 여러분도 행복하세요"라고
진정으로 고백할 수 있기를 바랍니다
봄 언덕의 들꽃처럼
겸손하고 순결한 마음으로
웃으면서 울면서
아파하면서 인내하면서
행복에 이르는 길을
지금부터 열심히 걸어가려
두 손 모으는 기쁨이여

2005. 4

동심의 영원함을 보게 해 주신 님
- 아동문학가 정채봉 님 5주기에

5년 전 그날
눈꽃의 세례 속에
흰 눈처럼 가볍게
하늘나라로 떠나신 정채봉 선생님
새들과 정겹게 이야기하던 성 프란치스코처럼
자연과 인간을 사랑하며
사랑의 동화를 빚어내신 프란치스코 선생님
당신을 기리고 그리는 우리 마음에도
오늘은 소복이 흰 눈이 내리네요

하늘과 가까운 순천의 어느 산기슭에서
한 편의 동화로 누워 계신 우리 선생님
남기고 가신 글들은
갈수록 빛나는 보석이며
읽을수록 맛나는 음식이며

들을수록 아름다운 노래임을
감탄하고 감동하며 기뻐합니다
이 땅에 우리와 함께
아니 계심을 문득 깨닫고
새로이 슬픔 속에 잠깁니다

순결한 동심 잃지 않는
눈 나라의 눈사람 되어
우리 다시 웃으며 만날 때까지
우리 모두 순하게 살게요
선생님 동화 속의 주인공들처럼
울면서도 착하게 일어서는
인내와 용기를 지닐게요

우리에게 동화의 아름다움을
알게 해 주셔서 감사합니다
동심의 영원함을 보게 해 주셔서
고맙습니다

당신을 사랑하는 이들의
따뜻한 사랑 속에
편히 쉬십시오
행복하십시오   2006. 1. 9

지혜의 빛이 되어 주십시오
- 영문학자 장왕록 님 10주기에

해마다 7월의 태양 속에
다정한 이름으로 살아오시는
우보又步 장왕록 선생님

선생님께서 멀리 떠나신 7월엔
뜨거운 햇살 아래 뜨거운 그리움으로
더 많이 당신을 기억합니다
한여름의 동해 바다는
오늘도 푸르게 출렁이고
기도로 이어지는 우리의 슬픔처럼
하얀 파도가 일어섭니다

누구보다 부지런한 열정과
깊은 통찰과 예리한 지혜로
학문의 길을 충실히 걸으시고

남을 먼저 배려하는 사랑으로
삶의 길에 최선을 다하신
참 아름다운 사람
산을 닮고 바다를 닮으신 선생님

거룩한 소임으로 받아 안은
학문의 길에 당신 자신을
온전히 태워 버린 인내의 불이시며
온전히 녹여 버린 침묵의 물이신 분

박사라는 칭호가 진정 어울리시는
이 땅의 스승이고 아버지신 당신께서
아직도 해야 할 많은 일들 남겨 두고
너무도 일찍 세상을 떠나시어
우리를 아프고 슬프게 하셨지요?
지금은 빙그레 웃으시며
'참 미안하게 됐네!' 하시는 것만 같습니다

떠나신 10년을 돌아보며
당신의 사랑 받던 가족 친지 제자들이
가슴 깊이 묻어 둔 그리움을 꺼내
저마다 하얀 꽃길을 만들어 보는 오늘입니다

이제는 고통 없는 평화의 나라에서
편히 쉬실 선생님
우리나라의 영문학사에 길이길이
푸른 별이 되어 빛나실 선생님

언제나 우리의 어둠을 밝히는
지혜의 빛이 되어 주십시오
섬들도 승천을 꿈꾸는
7월의 바람 속에
환히 웃으며 살아오시는
우보 장왕록 선생님
우리의 눈물과 사랑, 감사와 존경을 모아
꺼지지 않는 기도의 향불로 피워 올리니
어여삐 받아 주십시오
지복의 나라에서 영원히 행복하십시오

보여 주신 모범대로
우리 모두 말보다는 행동으로
서로 먼저 사랑하고 즐겁게 탐구하며
삶의 길을 성실하게 걸어가는
또 하나의 '우보又步'들이 되려 하오니
하늘에서 함께 기뻐해 주십시오

2004. 7. 17

우리의 조각난 슬픔 속에
- 김해 중국 민항기 추락 사고로 숨진 이들께

글쎄, 또 사람들이 많이 죽었대
큰 사고가 났다는군

하도 많이 들은 말이라
이젠 예전처럼 크게 놀라워하지 않는
우리의 모습을 부끄러워하지만
그래도 이번엔 정말 놀랐습니다

오랜 가뭄 끝에 단비가 내려
모두 반갑다며 산과 들과 사람들이
목마른 가슴을 적시고 있었는데
이 기쁨에 깊이 젖어들 틈도 없이
날아온 믿기지 않는 소식

여행을 마치고

집에 다 와서도
집에 들어오지 못한 채
떨어진 비행기와 함께 숨진 사람들

가족에게 줄 선물 보따리도 풀어 보지 못하고
어디론가 흔적 없이 사라졌다고 하네요
아니 불 속에 새카맣게 타 버려
형체조차 알아볼 수 없다고 하네요
사랑하는 이들의 조각 난 시신들처럼
우리의 슬픔도 조각이 나
어떻게 모아들일 수가 없습니다
일상의 모든 시간들이
웃음을 잃고 통곡합니다

이럴 땐 어떻게 해야 하나요, 하느님
죽음보다 더 고통스러울 유족에게
우린 어떠한 말로 위로를 건네야 하나요

원망과 노여움과 비애로
아직도 폭우가 쏟아지는 그 마음을 읽어 주며
진정으로 함께 슬퍼하는 것만이
그나마 작은 위로가 될 수 있을까요

오늘은 세수하다가도, 기도하다가도
일을 하다가도 자꾸만 눈물이 나옵니다
아름다운 봄꽃들도 반갑지가 않고
생마늘 한 쪽 삼킨 것처럼
마음이 하얗게 아리고 쓰려 옵니다

큰 슬픔과 불행을 당한 후에야
우리는 스스로 너무 가난하고
힘이 없음을 절감하며 조금 겸손해지는 걸까요
아니면 슬플 때에만 당신을 부르는
비겁한 자들인 걸까요
어쨌든 마음으로나마 기댈 큰 언덕이
어느 때보다 필요함을 잘 알고 있답니다
그러니 우리의 조각난 슬픔 속에, 하느님
당신은 조금씩 힘이 되어 주셔야만 합니다
슬픔을 슬픔 속에 천천히 치유할 수 있도록
오래오래 따뜻한 눈길로 가엾은 우리를
끝까지 이해하며 기다려 주셔야만 합니다

오늘은 무심한 듯 맑고 푸른
남쪽의 하늘을 올려다보며
낮은 목소리로 기도합니다

죽은 이들 모두 당신의 나라에서
평온히 쉬게 해 주십시오
이렇듯 조각난 슬픔 속에서도
우리의 사랑과 기도는 조각나지 않고
탄탄하게 이어지도록 도와주십시오
서로 돕고 신뢰하는 눈길로
더욱 한마음이 되게 해 주시고
자신을 잊고 희생자를 돌보는 이들처럼
늘상 남을 배려하는 습관을
다시 배우고 익히는 용기를 주십시오
국경을 뛰어넘는 용서와 인내로
평화의 도구 되는 지혜를 주십사고
두 손 모아 간절히 기도드립니다

아직도 드릴 말씀은 많지만
이만 접어 둘게요, 하느님
침묵 속에 봉헌하는 더 깊은 기도를
더 깊이 들어주십시오
아멘

2002. 4. 15

슬픈 님들 편히 쉬십시오,
님들의 죽음은 우리의 죽음이니
- 대구 지하철 방화 사건으로 숨진 이들께

매화 향기가 봄을 재촉하는 2003년 2월 18일 오전
봄과 같은 설렘으로 길을 나섰다가
1079호, 1080호 전동차에서
불의의 참변을 당한 그리운 님들이여

눈에 익은 환한 웃음
귀에 익은 정겨운 음성
결코 잊지 못하는데
지금은 어디에서 울고 계십니까
'어떻게 이런 일이 …'
'하느님도 무심하시지'
'당장 살려내이소'
까맣게 타 버린 전동차보다
더 처참한 슬픔 속의 유족들이
애타게 오열하는 소리로

대구는 온통 눈물바다입니다
갑자기 덮쳐 오는 불길 속에
얼마나 뜨거웠을까요
숨도 못 쉬는 어둠 속에
얼마나 답답했을까요
죽음의 마지막 순간에도
가족들이 얼마나 보고 싶었을까요
정말 죄송해요, 정말 부끄러워요
어떻게 살아야 할지 모르겠어요
먼 곳의 적이 아닌 가까운 우리가
님들을 죽였습니다
님들의 죽음은 우리의 죽음입니다
잘 가라는 말, 안녕이라는 말
차마 쉽게 할 수 없어
우리는 내내 울기만 합니다
밤에는 잠들지 못합니다
말 대신 마음을 전하는
한 송이 국화와 애도의 촛불이
전 국민의 기도임을 알고 계시지요?
고통 속에 일그러져
형체도 알아볼 수 없는 예수님의 모습
우리의 죄 때문에 희생당한
예수님의 모습이 님들의 모습이군요

그 희생이 헛되지 않게
우리가 힘과 지혜를 모을게요
다시는 이런 일이 없도록 깨어 있을게요
님들의 육신은 타 버렸어도
남기고 간 사랑은 사라지지 않을 거예요
문이 잘 열리는 세상에서 편히 쉬세요
어둠이 없는 밝은 곳에서 환히 웃으세요
대구의 앞산 같은 마음으로
우리의 사랑을 드립니다. 안녕히!

2003. 3 「가톨릭신문」

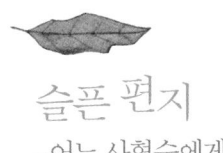

슬픈 편지
- 어느 사형수에게

지금도 당신을 생각하면
눈보다 마음에 먼저 눈물이 흐릅니다
10여 년 전 사형을 당하면서도 장기를 기증하느라
두 번이나 죽임을 당하는 당신의 그 모습을 지켜보는 건
참으로 아프고 슬프고 견디기 힘든 일이었습니다

담 안으로 면회를 갈 적마다 당신은 환히 웃으며
매일을 마지막인 듯이, 순간순간을 소중히 여기며
충실하게 살고 있다고, 기도만이 위로가 된다고
고백하였습니다
어느 해 봄날의 편지에서는
"언제 불려 나갈지 모르는 초조함이 너무 괴로워
이제 그만 끝이 오면 좋겠다"고 하더니
바로 그 꽃피는 봄에 당신은 42세를 일기로
더 젊은 나이의 여러 동료들과 함께 무참히 처형을 당했습니다

친지 없는 무덤은 초라했고
주인이 두고 간 물건들도 빛을 잃고
말없이 통곡하는 소리를 저는 들었습니다

사형을 당하던 바로 그날, 어렵게 메모지를 구해
당신이 써 놓고 간 신앙의 고백서를
저는 지금도 종종 읽어 보며 눈시울을 적십니다

　　… 죄뿐인 몸, 그것도 부족하여 한 짐 더 큰 죄를 보태며
　　한스런 이 세상을 떠나게 되었습니다.
　　"신앙에 사랑이 젖처럼 엉기지 않으면
　　그건 '불필요한 신앙' 일 뿐"이라는 평범한 이 교리를
　　이 시간 제 죄과 안에서 되씹어 끌어안으며
　　참으로 고마우신 모든 분들께 큰절로
　　'떠남의 인사'를 올리고 있습니다.
　　긴 말보다 "참으로 고마웠습니다!"라는 단 한 마디 말로
　　함축시켜 제 심정을 표현하럽니다.
　　오래지 않아 제 목에 밧줄이 걸리겠으나
　　지금 제 마음이 이렇게 행복감으로 충만한 것은
　　경이로운 믿음과 부활로 엉킨 단 하나의 희망이 아니겠는지요!
　　고마우신 분들의 그 끈끈한 사랑의 젖줄이 삶의 타래가 되어
　　어렵게나마 저는 지금 이렇게 주님 대전으로 나아가는
　　영광을 얻었습니다.

저는 짧게나마 제 영혼이 사용하고 남은 빈 육체를
아무 미련 없이 쓰레기로 남긴 채
제 영혼은 완전한 해방의 나래를 펴고
처음으로 돌아가 영원한 행복 속에서
사랑하올 어머님들과 … 그리고 수녀님, 신부님들을 위해
끊임없는 사랑으로 살아 있을 것입니다.
따라서 오늘은 제게 있어서
'최대의 승리의 날'이 아닐 수 없습니다.
예수님처럼 나무 십자가 위에 달리는
'극도의 고통'을 겪는 것은 아니지만
파렴치한 사형수가 죽음을 앞두고
주님의 죽으심을 좀 더 가깝게 피부로 느끼고 이해할 수 있는
은혜를 주신 하느님께 감사와 찬미를 드립니다.
이 모든 은총의 혜택을 제게 허락하신 까닭은
제 믿음을 '보다 나은 영광'을 낳게 하기 위한
주님의 섭리라고 믿어 의심치 아니하며
하직의 인사를 마칩니다.
부디 천수를 누리시다 영원의 나라에서
영원한 사랑의 근원이신 주님 대전에서 서로 만나
그 끈끈한 사랑을 나눌 때까지 영복을 누리시옵소서 ….

당신의 고별사는 하도 의연하고 겸허하고
신앙이 깊어 놀라워요

죽음을 당장 눈앞에 둔 사람이 어찌 그런 고백을 할 수 있을까
우리로서는 도저히 상상할 수 없을 정도입니다
당신이 급식을 아껴 밥풀로 만들어 준 십자가를 바라보며
저는 생각했지요
교만한 의인보다 겸손한 죄인을 더 사랑하셨던 예수님의
십자가 오른편에 있던 그 죄인이 바로 당신이었음을
그 최후의 순간은 얼마나 두렵고 외롭고 고통스러웠을까 하고

십 년 가까운 세월을 그렇게 모범적으로 살고
그렇게 성실한 기도의 사람이어서 구명운동도 많이 했건만
결국 당신은 법에 의하여 어느 날 갑자기 죽임을 당했습니다
우리는 바라보기만 하고 가슴을 치는 방관자일 뿐
아무런 도움도 되지 못한 채 절망의 기도만 바칠 뿐이었습니다

죄를 미워하고 싫어하되 사람은 미워하지 말아야 한다고
말은 하면서도
나약하고 비겁한 우리는 그렇게 하지 못합니다
다시는 같은 죄를 짓지 못하게 '죽여야 마땅하다'고 외칩니다
그래서 화해와 용서, 평화와 생명으로 가는 길이
말로는 쉽지만
행동으로는 언제나 멀고 아득해 보입니다

큰 죄를 지은 사람을 법이 심판하고 벌주는 것은 마땅하되

하늘이 준 목숨 자체를 죽이는 것은
더 무서운 죄가 아닐는지요
인간은 인간을 살리도록만 존재하는 것이
신의 뜻이고 선물임을
우리는 너무 자주 잊고 사는 듯합니다

지금은 하늘에서 빙그레 웃으며 우리를 내려다보실 당신
오직 한마음으로 성인이 되고 싶은 꿈을 이미 이루신 당신
이 땅에서 당신처럼 '사형 제도'로 희생되는 이들이
더 이상 없도록 우리와 함께 당신도 빌어 주십시오

잘못한 이들의 참회를 기다릴 줄 아는 인내와
조건 없는 용서와 사랑만이 함께 구원에 이르는 길이고
평화에 이르는 길임을
모든 이가 다시 알아듣고 그렇게 살도록 기도해 주십시오
우리 서로 손잡고 함께 걸어야 할 삶의 길에서
어떤 경우에도 흔들림없이 생명을 끌어안는
사랑의 어리석음을 선택할 용기를 주십시오
비록 알아주는 이 없어 힘들고 지치더라도
모든 이가 한 마음으로 노력하는 기쁨
마침내 꽃을 피우고 열매 맺을 그날을
우리 함께 기다리기로 해요

2004.11.22 국회 사형폐지 세미나에서 낭송

그리움이 된 푸른 별
- 태풍 매미로 숨진 연인들에게

사람들의 사랑이 있기에
더욱 정겨운 이 지구별에 와서
목숨 바쳐 사랑하다 단숨에 타 버린
한마음의 두 별 정시현과 서영은!
사랑은 죽음보다 강하다는 걸
그렇게까지 슬프게
보여 주진 않아도 되었는데 …
사무치는 그리움에
갈수록 힘들기만 한
가족 친지 벗들은 어쩌라고
그대들 데려간 세상이
하도 밉고 원망스러워
우리는 억울해서 죽을 지경인데
하늘에서 그리 곱게 웃으며
오히려 우리를 위로하면 어쩌라고

한순간도 아까운 듯
시간을 아껴 쓰며 서로를 위해 주고
내일을 꿈꾸던 눈부신 사랑
저세상까지 손잡고 함께 간
눈물겹고 애틋한 사랑
어찌 잊을 수가 있을까
물 속에 휩쓸리는 고통 속에 자유를 꿈꾸다
하늘로 날아간 '인어 공주' 서영은
자신의 목숨보다 사랑한 공주 위해
기꺼이 목숨 버린 '어린 왕자' 정시현
이제 우리는 그대들을 쉬게 해야겠다
힘들어도 보내 주어야겠다
슬프게 죽어서도 사랑은
아름다운 것이라고
참사랑을 하려거든
시현과 영은에게 배워야 한다고
나직이 외치면서 기도하면서
이제 우리는 영원한 그리움이 된
한마음의 두 별
그대들을 하늘에서 편히 쉬게 해야겠다
우리가 진정 사랑했던 그대들을
끝내 보내지 못해 앓고 있는 우리와
함께 있어 달라는 부탁도 꼭 해야겠다

오, 오늘도 그리움으로 되살아 오는

푸른 별 시현, 고운 별 영은…

안녕, 안녕 —

2003. 9. 12

글쓴이 | 이해인

이해인 클라우디아 수녀는 필리핀 세인트 루이스 대학에서 영문학을, 서강대학교 대학원에서 종교학을 전공했다. 시집으로 『민들레의 영토』 『내 혼에 불을 놓아』 『오늘은 내가 반달로 떠도』 『시간의 얼굴』 『외딴 마을의 빈집이 되고 싶다』 『다른 옷은 입을 수가 없네』 『꽃은 흩어지고 그리움은 모이고』 등이 있으며, 기도시 모음에 『사계절의 기도』 『다시 바다에서』, 글모음에 『두레박』 『꽃삽』 『사랑할 땐 별이 되고』 『고운 새는 어디에 숨었을까』 『기쁨이 열리는 창』 『사랑은 외로운 투쟁』 등이 있다. 『따뜻한 손길』 『모든 것은 기도에서 비롯됩니다』를 우리말로 옮겼고 동시집 『엄마와 분꽃』, 영한 대역 시집 『눈꽃 아가』도 냈다. 사랑시와 기도시를 해인의 음성에 실어 엮은 앨범 『해바라기 연가』에서는 해인의 시와 노영심의 피아노가 어우러져 감성의 결을 한층 고이 다듬는다. 현재 부산 성 베네딕도회 수녀원에서 일하고 기도하고 시 쓰고 전국 각지에서 강연을 한다. 새싹문학상, 여성동아대상, 부산여성문학상을 수상했다.

일러스트 | 김성신

덕성여자대학교에서 서양화를, California Institute of the Arts에서 Character Animation을 공부했다. 디자이너, 애니메이터, 일러스트레이터로 여러 분야에서 그림을 그리고 있다.